奇多奇迹
FLAMIN' HOT

[美] 理查德·蒙塔内兹 著
（Richard Montanez）

桥蒂拉　娜塔西亚 译
（Nastasiia）

中国出版集团
中译出版社

图书在版编目（CIP）数据

奇多奇迹：从清洁工到卓越管理者的传奇人生 /（美）理查德·蒙塔内兹著；桥蒂拉，（乌克兰）娜塔西亚译 . -- 北京：中译出版社，2022.2

书名原文：Flamin' Hot: The Incredible True Story of One Man's Rise from Janitor to Top Executive

ISBN 978-7-5001-6956-7

Ⅰ.①奇… Ⅱ.①理… ②桥… ③娜… Ⅲ.①理查德·蒙塔内兹—自传 Ⅳ.① K837.125.38

中国版本图书馆 CIP 数据核字（2022）第 016639 号

（著作权合同登记号：图字 01-2021-6676）

Flamin' Hot: The Incredible True Story of One Man's Rise from Janitor to Top Executive
by Richard P. Montañez
All rights reserved including the right of reproduction in whole or in part in any form.
This edition published by arrangement with the Portfolio, an imprint of Penguin Publishing Group, a division of Penguin Random House LLC.
The simplified Chinese translation copyrights 2022 by China Translation and Publish House
ALL RIGHTS RESERVED

奇多奇迹：从清洁工到卓越管理者的传奇人生

著　　者：［美］理查德·蒙塔内兹
译　　者：桥蒂拉，娜塔西亚（Nastasiia）
策划编辑：于　宇　黄秋思
责任编辑：于　宇
出版发行：中译出版社

地　　址：北京市西城区新街口外大街 28 号 102 号楼 4 层
电　　话：（010）68359827；68359303（发行部）；
　　　　　68005858；68002494（编辑部）
邮　　编：100088
电子邮箱：book @ ctph. com. cn
网　　址：http ://www. ctph. com. cn

印　　刷：北京顶佳世纪印刷有限公司
经　　销：新华书店
规　　格：880mm×1230mm　1/32
印　　张：8.5
字　　数：140 千字
版　　次：2022 年 2 月第 1 版
印　　次：2022 年 2 月第 1 次印刷

ISBN 978-7-5001-6956-7　　　定价：65.00 元

版权所有　侵权必究
中译出版社

目 录

引 言 _I

1 你就是"弗拉明辣" _001

2 学会像老板一样行动 _025

3 学会像高管一样思考 _053

4 最好的想法要趁热 _073

5 不要怕自己看起来很荒谬 _097

6 伟大的想法值得冒险 _117

7 撰写你的"弗拉明辣"销售辞 _139

8 遇到质疑时,调整你的策略 _163

9 如何成为一名领导者 _199

10 相信你有伟大之处 _233

致 谢 _255

引　言

让你的饥饿感成为你的向导

"你毕业于哪所大学？"几年前，一次关于创业的演讲后，在问答环节有人向我这样提问。

我愣住了。那时我很少谈论我卑微的出身。即便我被邀请参加常春藤盟校①的著名项目演讲，我仍然没打算这么做。在这所商学院，之前所有的客座讲师几乎都是《财富》500强排行榜上的首席执行官或是常春藤盟校的著名教授。当然，我也从菲多利公司（Frito-Lay）一路晋升，成为百事公司子部门的副总裁。而实际上，我连高中都没读过，更别说大学了。尽管那时我被称作"拉美裔营销教父"，但很少有人知道我从清洁工做

---

① 常春藤盟校（Ivy League），是从属于美国非营利组织全美大学体育协会（NCAA）的一个体育赛事联盟，成立于第二次世界大战结束后的1954年，由美国东北部地区的8所大学组成。——译者注

起,后来发明弗拉明辣奇多①的真实故事。弗拉明辣奇多是一个价值数十亿美元的品牌,它后来成为广受欢迎和畅销世界的零食。我该怎么回答?我快速思考,决定用我在南加州出生和长大的城镇名来描述我的"大学"。

我笑着回答:"瓜斯蒂大学。"

那位学生看起来疑虑重重,并追问我是否也在那里获得了博士学位。

"不完全是。"我回答并继续解释说生活因为我的贫穷、饥饿和坚定而授予了我博士学位!

所有人都笑了,包括那位质疑我学历的学生。这句话对我来说并不新鲜,而且通常会让人发笑。但那是因为它是真的!

在这样的鼓励下,我决定开始讲述我的故事,尤其是那些彻底改变我的职业生涯、家庭和公司待遇的经验历程、秘诀以及实用建议。我强调,当你选择像高管一样思考,并像老板一样行动时,你会用"弗拉明辣"的想法点燃你的想象力,在一夜间暴富。

现在我引起了他们的注意。更多的提问随之而来,尤其是

---

① 奇多(Cheetos),是百事公司的子公司菲多利公司生产的一种芝士口味的膨化玉米粉制成的零食,奇多的促销方式还衍生出奇多吉祥物、奇多圈游戏等文化现象。——译者注

"你是怎么做到的?"

"学会增强自己的观察力,隐藏的机会就会主动显露出来。你知道吗?只要一个伟大的启示就可以成就一场革命。"

企业管理专业的硕士研究生最初对此表示怀疑。这些让我从讲西班牙语的贫民窟成功走向董事会会议室的原则,显然不在商学院的标准课程中。

他们的一些言论让我想到"你以为你是谁?"——每当我勇敢打破常规,尝试向高管和决策者展示我的最新想法时,菲多利公司的同事、经理和高层都会这样回应我。

"你是如何克服困难的?"一位坐在很靠后的学生问,"在过程中你没有感到害怕吗?"

她提出了一个很常见的问题,我经常听到一些人以这样或那样的形式提出这个问题,这些人在如何掌控自己的命运方面,面临现实的障碍并怀有真实的恐惧,很容易感到害怕。你可能只是想在第一份全职工作中有出色的表现,却遇到一个脾气暴躁的经理,他根本不打算培养你。你去哪里?你会怎么做?或者,你希望进入梦寐以求的行业,但身边缺少能为你打开这扇门的人——那么该如何进入呢?或者,你很长一段时间都在同一个行业,正在考虑职业转型,但又害怕面对竞争,你该怎么办？你担心同事、老板以及客户会因为你的背景而认为你不值得信任吗？

克服这些障碍的第一步是找到克服恐惧的勇气。

"没有感到害怕？你在开玩笑吧？"我向提问的学生坦率地承认,"怎么可能。"

幸运的是,我知道一种消除恐惧的良药,那是我八岁时在轨道的错误一侧①成长时发现的。这个俗语甚至和字面的意思一致。加州库卡蒙加牧场的贫民区确实有火车轨道,该地区毗邻瓜斯蒂,是建在广阔的葡萄园里的一个小镇。在铁路以南,包括田间我父母劳作的区域(我和9个兄弟姐妹在那里长大,我们所有人都挤在一间宿舍式的房间里),这里的人被视为真正的穷人。如果你在铁路以北长大,那里仍然属于贫民区,但那里的人似乎在维持生计和养家方面做得稍微好一些。

8岁时,我已经感受到了棕色皮肤和最低经济水平带来的偏见。当时对我最大的不公是老师们组织了两个独立的课外阅读

---

① 轨道的错误一侧(the wrong side of the tracks),是英文中的俗语,意思是贫民区那边。在美国开始铺盖铁路时,这些铁路一般都在一个城市的中心,把这个城市划分成两半。铁路的一边往往成为富人住的地区,而另外一边就成了到处是工厂、库房的贫民窟。这个说法已经有一百多年了,人们现在还是用此来指出身贫贱的人。——译者注

项目——一个面向白人学生，一个面向棕色人种的学生。而且，一些老师为那些周二来排队参加课外阅读活动的学生提供了奖励——饼干。

哪个 8 岁的孩子不喜欢饼干？但不是所有人都能得到饼干。为什么？因为教育部门在创建这个项目时就设置了两个不同的队伍和两个不同的拖车式活动房屋——一个是为拉丁裔孩子准备的，一个是为非拉丁裔孩子准备的。拉丁裔孩子的队伍里没人有饼干，并且什么解释也没有给我们，以至于有关另一辆房车里有饼干我也只是听说。每当周二我们排队读书时，我都感到胃里一阵刺痛。除了熟悉的饥饿感之外，还因为被不公正的通知"这才是你的队伍，不要越界"而饱受折磨。

某个周二，我再也受不了了。我暂时忘记了恐惧，离开了拉丁裔孩子的队伍，排进了白人孩子的队伍。在我挪过去的那一刻，我的朋友们惊讶地看着我，好像我疯了一样。

"理查德，你排错队了！""你怎么了？""你疯了吗？"

对他们来说，这是一个自杀式的行为。很明显，如果我不守规矩，肯定会被狠揍一顿。但这已经无关紧要。因为我想搞清楚传言是不是真的。不知道为什么，一想到美味的饼干，我就忘记了惩罚的恐惧。过了一会儿，我朝车里瞟了一眼，我看到了最美的一幕：那里绝不止几块饼干，而是满满的，一盘又一盘！

我的朋友们惊恐地看着我朝不归路越走越近。我决心要让那些漂亮的白人女士相信我有多么渴望读书，于是我走了进去，从朋友们的视线中消失了。

半小时后，我从里面出来，腋下夹着一本平装书。我的朋友们也在属于他们的队伍里完成了课程，他们跑过来，急切地询问我被打得有多惨。我耸了耸肩，告诉他们我并没有受到惩罚。事实上，我说："看！"然后掏出了我口袋里的东西，老师们给我装满了饼干！

那天我成了朋友们眼中的英雄。更重要的是，我获得了人生的宝贵经验，那就是如何避免陷入别人为你选择的队伍。正如我与那些企业管理专业的硕士研究生以及各行各业的听众分享的那样，已经有一盘专门为你们烘焙的饼干。而你的目标就是走出那支对你没有任何帮助的队伍，进入你的饼干队伍。

你的饥饿不仅仅是恐惧的解药。它更能赋予你魔力，让你摆脱贫困，进入繁荣。你可以走出死胡同，进入管理层。你可以从没有受过教育的群体走向受过教育的人群。你可以走出那条不认可你潜力的队伍，进入有晋升机会的队伍。如果你缺乏你期待进入的行业的技能或经验,如果你没有人脉、金钱或机会来打开正确的大门,那么,这本书将为你提供有效的策略和转变心态的方法。即使你已经具备专业知识和资源,但发现自己处在一支无法让你前进的队伍里,或者你正在寻找一个激发你,实现你内心远大志向的新队伍,那么这里同样包含了旨在激发、鼓励,并且提醒你真实命运的指南。

即使你只是需要从成功的人那里得到可以应用于自己生活里的指导,承认你没有达到自己想要的位置,或者你感到饥饿,这都没什么错。我从世界各地的人们那里,从他们攀登的每一步中,都听到了对可信建议的渴望。我听到的问题从"在这种经济形势下我要怎样才能找到工作",以及"在我的公司里,你找到了一份工作,并且希望一直待在那个职位上,没人得到提升——我应该辞职吗"到"在工作中找到导师的最佳方法是什么",还有"我如何想出一个价值10亿美元的突破性想法,并说服我的老板听我说完",或者是"成为一名企业家需要什么,如何为自己的发展设定条件",甚至包括"有哪些具体的政策帮助企业高管授权一线员工和经理做更多的工作,而不仅仅是打卡"。

这些问题的答案和其他内容我将在后面的章节中详细介绍。

我从一楼清洁工的扫把间一路走到高层管理人员的套房，我的故事也可以是你的故事，在这本书中我将告诉你如何做到这一点。

让你的渴望为你工作，从此开始你的旅程，只有这样才能克服你的恐惧。墙的另一边等着你的会是更好的东西——你不仅可以找到日常问题的解决方案，更有能力创造机会。一旦我接受了命运掌握在自己手中这一真理，我的命运之轮就开始转动了，首先在我的脑海里形成想法，然后在现实中付诸行动。

我内心的信念是，尽管成功不是与生俱来的，但我们每个人注定都会成功。我的方法经过了时间的考验和实践证明，我在这里很自豪地讲述我的事迹并分享这种方法，并希望它能颠覆一些传统概念。我是指，既然你可以另辟蹊径，为什么要随波逐流呢？我邀请所有人——从清洁工到首席执行官。在我这儿，所有人都是受欢迎的。如果你准备好迎接人生的变革，或者你对白手起家的故事或一般的商业着迷，或者你想更好地理解品牌塑造、多样性、市场营销，以及有权力的工人的新模式，那么这些课程就是为你准备的。领导力和创业精神的经验教训适用于所有人，无论你是一线员工、高管，还是介于两者之间的任何地位。

让你的饥饿成为你的向导，看看你能走多远。属于你的"弗拉明辣"启示正在等你。

1 你就是"弗拉明辣"

创新的灵感可以来自最不可能的地方。例如，它们可能会出现在加州南安大略地区一家超市的购物通道上。这里是以西班牙裔为主的街区，它位于10号州际公路附近，在被称为内陆帝国的农工业延伸区。创新的灵感甚至可以出现在一个其他人认为最不可能闪现重大灵感的候选人的思想中——一位清洁工。

28岁时，我已经在菲多利公司做了9年多的清洁工，并一直在思考创业和尝试副业，希望能以此来增加家庭急需的收入。车库里堆满了我为开发一款标志性产品所制作的样品。我们甚至还挨家挨户地推销我妻子朱迪自制的玉米饼和萨尔萨辣酱，从中赚取一点儿利润。

在我看来，零食一直是美好生活必不可少的。让我告诉你吧，没有什么体验能比得上结束排队之后立即享用奇多、菲多①或多力多滋②了。这种感觉就像面包房刚烤出来的新鲜面包。薯片还是热的，如果做得好，酥脆的口感近乎完美。当年有一句广告词被广泛引用："我打赌你不会只吃一个"——这确实不是炒作。

薯片的整个生产过程基本上已刻入我的基因。我在瓜斯蒂长大，我家后院有一个葡萄园，巧的是我步行就可以到达菲多利公司，因此我能全程观察它们的种植、生长和收获。我还了解到这个小镇的创始人——意大利移民塞勒多·瓜斯蒂——的创业故事。19世纪他来到美国时，这里除了一些葡萄藤的枝条以外一无所有。当他听说有一块地廉价出售时，他看了看，做出了富有远见的人应该做的事——他看到了这块地的潜力。他并不像其他人那样，只看到了对农作物来说很糟糕的干燥的沙质土壤。他看到的土地让他想起了家，意大利的土地——非常适合种植葡萄。他想象着他能从几乎一无所有中创造出一切。

---

① 菲多（Fritos），是美国品牌的玉米片和蘸酱，由查尔斯·埃尔默·杜林在 1932 年创建，1961 年以来由百事可乐公司的子公司菲多利公司生产。——译者注

② 多力多滋（Doritos），是一种调味墨西哥玉米片，由亚契·魏斯特发明，1964 年菲多利公司创立这个品牌，销售于全球各个国家和地区，并推出了多种口味。——译者注

这是一个启发。瓜斯蒂和他的妻子不仅种植了葡萄，还开办了自己的酿酒厂，并为他们的工人建造了房屋、商店、邮局和教堂。这是一场革命。

20世纪50年代对非技术类的廉价劳动力需求激增，我的父母、祖父母和其他亲戚作为农场工人来到瓜斯蒂。他们也设想过为他们自己和后代创造更好的生活。作为第一代美国人，我从未失去我的自豪感，因为我家人的努力劳作为别人的餐桌提供了食物和美酒。我们住得很近，但我们还是充分利用了这一地理优势——尤其是晚餐，我的家人和其他的农场工人以及他们的孩子聚集在中央餐厅。食物虽然简单，但很可口。我们也许是这个地区最贫穷的家庭，但当我还是个孩子的时候，我认为我们是"有趣的穷人"。

一旦我长大了，结了婚，有了属于自己的家庭，需要考虑温饱问题时，贫穷就不再有趣了，甚至可以说已经令人苦恼了。幸运的是，28岁时，我有了一份稳定的清洁工工作，并且已经学到了足够的知识，可以在加班的时候去生产线上帮忙。不幸的是，到了20世纪90年代初，在库卡蒙加牧场的菲多利工厂里，大多数工厂经理和一线工人都意识到，咸味零食的生意陷入了困境。

甚至我们这样的顶级品牌的销量也下降了。通常作为普通员工是得不到销售报告的，但我们可以感受到销量下降带来的影响。工时被削减了。也许你知道这有多可怕，因为这对任何经历过经济衰退的人来说都有感受，特别是最近全球大流行病造成的灾难性损失。那些通常工作40小时的工人看到他们每周的工作时间下降到30个小时，然后28个小时，并且还在继续下降。员工中弥漫着恐慌的情绪。我能想到的就是如何为自己和同事创造更多的工作时间。

然后，我看到了一段罗杰·恩里科拍摄的令人难忘的视频，他当时正准备就任百事公司的首席执行官。为了解决销售下滑的问题，恩里科没有找外部专家，也不只是找食品专家，而是决定赋予菲多利公司每一位员工权力。在视频中，他解释说，他希望每个为公司工作的人都能像老板一样行事。

他似乎是在对我说，至少我是这么认为的。随着产量的下降，我们所有人都需要更多的工作，我们可以用一款新产品或促销活动来改变现状，而且越快越好。我的同事和我都感受到了危机感带来的压力。我们的家人也一样。作为小时工，我们没有固定工资，所以任何的收入下降都会导致生活更困难，比如无法支付房租、水电费、电话费、汽车费。你不得不勒紧裤腰带是一回事，但当你眼睁睁地看着你的孩子在没有基础需求的情况下成长时，这才是最残酷的。

　　我的工作时间再次被削减，我看到工作时间被削减到每周24小时的时候，我崩溃了。绝望的气氛和一种无力感在工厂里蔓延开来，我为人父和成为公司雇员以来，我第一次不得不做一件多年来我一直害怕的事情——申请食品券。这违背了我童年时做出的永远不要回到依赖政府援助的决心。当我为人父时，我曾发誓再也不过那样的生活，不会让我的孩子像我那样长大。我决心要摆脱的贫困世代循环似乎又回来了。

　　通常，当经济危机来袭时，人们的第一反应就是要活下来。正如我未来会发现的，我们确实可以选择躲避它，不仅能生存下来，甚至还能更茁壮地成长。经验表明彩虹总在风雨后。

　　也许这就是为什么罗杰·恩里科的视频信息激发了我的想象力。他在寻找解决销售下滑的办法，我也是。如果我能提供一个值得投资的想法，那将会带来更多的工时。但问题是，我对公司业务的了解仅限于生产方面。我并不了解产品在离开我们的工厂之后发生了什么。

　　为了找到答案，我决定在休息日与一位送货司机同行。每到一站，我们打开盒子，把不同包装的薯片摆在不同的货架上——这并不是多么复杂的事情，但它让我对包装和展示的重要性有了全新的认识。

我们的最后一站是安大略农场,这是一家大型杂货店,或者说是supermercado①,我们在拉丁裔街区是这样称呼的。讽刺的是,我和妻子经常去的就是这家商店。我们正要离开时,我意识到自己一直盯着零食区旁边的区域,那里拥有所有受西班牙裔消费者喜爱的香料:碎辣椒粉、孜然粉、大袋的干燥的牛至、不同等级和品种的干燥的辣椒(从微辣到超辣)、红甜椒粉、五色椒、洋葱和大蒜粉以及直接从墨西哥进口的香料混合物。

调料架没有移动过,一直都摆在那个地方,我曾多次经过那里,甚至从那儿拿过东西。这一次,当我观察所有调料和它们的口味时,一些与以往不同的东西引起了我的注意,这让我意识到我们的文化和美食有多么丰富。另一边的货架上则放着菲多利公司所有品牌的零食,而它们展现出的所有调料或味道对我们住区的人来说都称不上是熟悉的味道。

我惊讶地瞪大了眼睛,这种对比是不可避免的。就在那时,我突然意识到:是时候做一种真正的辣味薯片了!

过了一周,一个炎热多尘的星期六早晨,我们全家回到安

---

① supermercado,西班牙语,意思是超级市场。——译者注

大略牧场去采购我们每周都需要的食品。像往常一样,朱迪、我和孩子们——11岁的福星(小理查德);6岁的史蒂文;还有不到1岁的小迈克——我们按清单上罗列的物品开始采购,我们尝试把这件事当作一天的冒险,即使它是一份需要认真对待的工作。说实话休息日还应该做些什么呢?

我们从店里出来,一阵闷热,只有从山上吹向山谷的风为我们带来一些凉爽。空气中弥漫着一种焦灼感——一部分是兴奋,一部分是紧张。由于收入下降生活的压力越来越大了。工厂里的工作时间继续缩短了,在不得不寻找第二份工作前,我不知道我们还能坚持多久。蒙塔内兹家族从事副业似乎从未成功过。那种熟悉的饥饿感开始在我的胃里打转。

那天早上,我们刚出门,融化的黄油和烤玉米棒的浓郁香味就让我们饥饿难耐。门口站着我们最喜欢的小贩。每个周末,无论是烈日炎炎,还是阴郁寒冷,或是刮起圣塔安娜风①,或是

---

① 圣塔安娜风(Santa Anas),是一种典型的南加州季节性强风,也被称为"魔鬼风"。圣塔安娜风是强烈的,非常干燥的下坡风,起源于内陆,影响到沿海的南加利福尼亚州和北下加利福尼亚半岛。它们来源于大盆地的干高压气团。圣塔安娜风因天气炎热而出名(通常是一年最热的时候),但它们可能在一年的其他时候出现。他们经常给南加州的沿海地区带来最低的相对湿度。这些低湿度,加上温暖的,压缩空气加热的空气质量,加上高速的风速,制造了火灾天气的关键条件。——译者注

雨季，都可以找到卖玉米棒的小贩荷西。

这是他的合法生意，他自己当老板。在最新鲜、最美味的烤玉米棒领域，他拥有百分之百的市场份额（即使那会儿我还不知道市场份额是什么）。他只卖玉米，他把这当作一门艺术。根据你的要求，他会加更多的黄油、盐和胡椒，还有磨碎的白奶酪（柯提雅奶酪）、辣椒粉、新鲜的香菜叶、酸橙汁、莎莎酱或辣椒酱（湿辣椒）以及其他调味品。

安大略牧场市场的一个主要优点是，老板认识我，总会帮忙及时兑换我应得的薪水（在贫民区的穷日子里，我没有银行账户），所以我身上有一些现金。我开始点餐，我向荷西竖起三根手指（两个大一点的孩子每人一根，朱迪和我可以分一根，然后给宝宝吃几口）。随后，我的思路仿佛被打开了。

哦，天啊……我看着玉米，心想它看起来真像奇多，辣奇多。我脑子里的问题立刻变成了文字，我脱口而出："朱迪，如果我在奇多上放辣椒会怎样？"

朱迪没有笑。她认真地看着我说："明天，第一件事，去工厂带一些原味的奇多回家。能拿多少就拿多少。"

讽刺的是，菲多利公司最近缩减了班次，这可能会让这件差事变得更容易。每当调味过程中断时，就会留下一些不得不扔掉的原味奇多。如果有备用的，我们会把这些原味奇多装进有盖子的白色容器里，搁在边上几小时，然后扔进垃圾桶。由于轮班减少，我发现在闲置的地方有很多未使用的、未调味的产品。所以我按照妻子的指示，装了一大袋没有掺加芝士粉的奇多，带回家了。

接下来的一周，我们全家人齐动手，在租来的小房子里搭起了一条生产线。很快，这座房子在某种程度上就像一个疯狂科学家的实验室，一位顶级大厨的厨房，以及圣诞老人和他的精灵们的包装室。朱迪和我尝试了几种不同版本的辣椒酱——一种用辣椒和各种配料，比如番茄、醋甚至糖制成的酱汁。我们终于确认辣味的量对了，口味的稠度（不同于莎莎酱，但不像传统的辣椒酱）正是我们想要的。我们测试了一下我研发的自制滚筒，它看起来像一个烤火鸡用的塑料袋。我们必须实施两个步骤——首先，放上辣椒酱，确保加工出来的玉米面不会太湿，其次，在热的原味奇多上涂上奶酪粉，确保它均匀、完全地覆盖。

孩子们、朱迪和我比任何食品专家都卖力。我们的第一批实验品有些软，并且味道太淡了。我们增加了辣椒酱的量，但它们又太湿了，粘不上奶酪粉。我们做了更多实验。一次又一次。孩子们、朱迪和我给出了各种各样的反应:"太软了""太热了""还不错,但少了点什么"。

最后我们终于想明白了。我们错过了神奇的成分:油!为了达到正确的吸收,油是所有薯片制造过程中的灵魂——它将充当导体。于是我拿了一个家用喷雾器,把油灌满,然后喷在奇多上,接着又用第二个喷雾器喷满辣椒酱。稍微晾干后,我们把它们和奶酪粉一起放进临时的滚筒里。

我们通过调整速度和压力来改进翻滚方法。如果操作的动作太慢,奶酪粉就粘不上;如果操作的动作太僵硬,奇多就会碎掉,就会得到面包屑。终于,我们找到了合适的平衡点。

当我从滚筒里取出第一个奇多时,我们看到了我们辛勤耕耘的结果。"就是这样",我宣布。但我们没有吃这个奇多。这种颜色——消防车的红色——并不是我预想的那种颜色,但我们不断改进,重复我们的步骤,然后品尝我们的产品,它开始对我产生吸引力。我们都欣喜若狂。看着我们的原型诞生,仿佛见证我们家庭成员的诞生!

那天晚上睡觉前,我们准备了几个密保诺[①]塑料袋,并决定

[①] 密保诺(Ziploc)是美国庄臣父子公司旗下的密实袋品牌。——译者注

小心翼翼地将新发明与几位朋友和同事分享。他们的反应太过激了。对所有人来说，它们是巨大的成功，而且如此令人上瘾，以至于每个人的下一个问题都是：还有吗？没有人吃过一片之后就停下来的。不过，这可不是微辣味。一位朋友评论道："这些奇多确实很辣。'弗拉明辣'！"所以我才取了这个名字。它后来成为真正的产品名：弗拉明辣奇多。

那时我还不知道我很快就会面临来自我的直属和高层领导的反对以及呵斥——你做了什么？在奇多上放辣椒？这是一种亵渎！那时我觉得需要得到官方的批准再继续前行了。

许多对公司的规章制度一无所知的人催促我说："你得给总裁打电话。"

在当时的管理层中，只有菲多利公司的最高层管理人员才有资格直接给公司总部的首席执行官打电话。否则就是破坏秩序。这就是指挥系统的运作方式。尽管如此，我认为，这位首席执行官曾直接向我和其他员工发出了呼吁，要像老板一样行事。直接回应他，告诉他我的好主意不合适吗？此外，如果我不采取行动让当权者知道这个解决方案会对我们部门产生有利影响，很快所有人都会失业。

带着这种逻辑，对工作的渴望成了我的向导，我抓住了一个机会，不顾重重困难，紧张不安地打破常规，做出了给总裁打电话的决定。这让我感到自己又回到了8岁，就像当时我拒绝被困在别人为我设定的队伍里，坚持试一试进入有饼干的队伍。

"罗杰·恩里科的办公室。"接电话的女人说。我后来了解到，她本身就是一个富有远见的人，是罗杰·恩里科的行政助理。她补充说："我是帕蒂。"

"帕蒂，我想和总裁恩里科先生谈谈。"

"请问您是哪位？"

"我是理查德·蒙塔内兹。来自菲多利公司。"

"下午好，理查德。我想我们以前没通过电话。你是副总经理吗？"同样，她这样问是因为给首席执行官打电话的高管都是他的直接下属。即便是副总裁通常也会由部门总裁给公司总部的董事打电话。

"不，我在南加州工作。"

"哦"她听起来像是在翻查电话簿。"您是南加州的副总裁？"

"不，"我解释道，"我在一家工厂工作。"

她为自己的错误猜测道歉，然后确认我是不是负责运营的副总裁。

"不，"我保持乐观的语气说，"我在室内工作。"

帕蒂停顿了一下，然后问："请问你的意思是？"

"好吧，我是 GU 工人。"这基本上已经暴露身份了。GU 代表普通。她让我重复一遍，所以我说："我是 GU 工人。我是清洁工。"

接下来的几秒电话里一片死寂。最后她打破了沉默，说："哦。我得先问问他现在在哪儿，我不确定他是否能接电话。你能告诉我是关于什么事情吗？"

除了事实，我能说什么呢？

"当然，帕蒂。我有个主意，一个好主意，我想与他分享。"

接下来又是几秒钟的沉默。最后，她说："等等，理查德。我去找恩里科先生。给我几分钟，别挂断。我帮你转接。"

"没问题，"我说，"谢谢。"

两分钟后，帕蒂回来说："理查德，感谢您的等待，罗杰打来电话找您。"

她说的是"罗杰"，不是"罗杰·恩里科先生"！

罗杰·恩里科的语气让我感觉很放松。"理查德，你最近怎么样？我听说你有个主意？"

"对。"我开门见山，告诉他我发明了一种零食的原型，在熟人之间反响不错。这给罗杰留下了印象深刻。

"理查德,"他说,"很高兴你打电话来。你知道吗?我想看看你发明了什么,亲自看看。我两周后去工厂怎么样?我们会把这件事作为优先事项。"

在罗杰·恩里科传奇的职业生涯中,人们都说他是个有远见的人。他能看到别人看不见的东西。他看到的不仅是一个清洁工,他还发现了我的一些价值。他看到了我的潜力。

当我挂断电话时,我因震惊和兴奋而头晕目眩。我的研发被优先考虑。革命开始了。

我从一开始就能预知弗拉明辣奇多会成为全世界广受欢迎的零食,并带动其他几款产品的发展,每年产生数十亿美元的收入?并非如此。这条路好走吗?绝对不。但在我心里,我知道我做的不仅仅是创造一个新产品。我知道,这个疯狂的想法将是一种架接桥梁的方式,让人们来尝试不同的和他们喜欢的东西。

一位清洁工想象出来的辛辣小吃真的能让不同背景的人走到一起吗?在没有任何证据的情况下,这种可能性给了我一种自豪感和目标,我需要克服面前的挑战、障碍和曲折。尽管我很幸运地找到了几位默默给我建议的前辈,但我也不得不面对那些在背后伤害我的人——包括我们的顶级食品专家发出一份指令,要求销售和营销部门在新产品上架之前将它们扼杀。有几次,我遇到了公开的种族歧视,包括在我第一次访问公司总部时,甚至出现了关于我是否需要一名翻译的无知评论。我不仅要吸取早年的经验教训,还要竭尽全力把弗拉明辣奇多和我发明的其他品牌推向市场。这需要制定一种游击营销策略,包括我自己花钱,带着家人去东洛杉矶的100多家街头商店和小型超市,买下它们的库存,以引发更大规模的复购。

在构思出弗拉明辣奇多之前,我必须有意识地审视早期的成就和学到的教训——包括那些更小的产品、创新和改进想法,这些想法最终为公司节省了数万美元。即便后来在公司任职期间,我也从未停止过借助伟大创意的力量。那时,我成为首位被提升为百事高管的墨西哥裔美国人。尽管体制一直在扼制我(确实如此),但我仍然相信伟大的想法和简单的实用解决方案;这就是帮助我发现甚至连我的老板都看不到的潜在的晋升机会的方法——基本上就是熟练掌握如何跨过那些紧闭的大门。

没有人能真正"想出"最伟大、最大胆的构思。相反,我相信,它们通过启发进入我们的意识。这就是为什么当这个想法突然出现在你脑海里时,就像白炽灯被点亮,你会觉得你看到了一些一直存在的东西,这些东西你以前没看到过,或者其他人没见过。你会奇怪——我以前怎么没想到?我以前怎么没发现呢?

撼动你的世界所必需的只是思想上的细微转变。

思维模式的转变真的可以像刷新你对某些单词的理解那样简单。比如,英文单词 idea(想法)和 vision(洞察力)。在我走向成功的许多阶段,我不断地看到我所说的话是如何改变或影响行为的。这让我开始思考单词的含义和来源,正因为如此,我对词源学产生了浓厚的兴趣,并养成了每天早晨对一个特定单词进行深思的习惯。

我最喜欢的发现之一是 idea 这个词的起源,它来自 14 世纪后期的拉丁语,意为"上帝心中事物的原型和概念"。早些时候,我们还从希腊单词 idein 中得到了一个动词,意思是"看到"。16 世纪初,idea(来自希腊语 ennoia)这个词被定义为"心理意象或图像",或者是有必要做的,区别于观察的事情。

这激发了我们去思考这样一种可能性,即我们的观念,已经作为一个概念存在于一些人所说的上帝的心灵中,或另一些人所说的宇宙的心灵中。所有这些都在告诉我们,当我们决定使用自己的想象力来思考如何做一些不同的事情时,这些概念一直在等着我们去发掘。尚未形成的想法仍然可以在我们的内在视觉中被视为一种心理意象或图像。

在我确信任何人都有可能得到启发之后，无论大小，我的下一步计划就是以新的或不同的方式使用洞察力。13 世纪出现的单词 vision 意为"在想象或超自然现象中看到的东西"。除了看到的行为和被看到的东西，到 20 世纪，vision 这个词被开始用来描述一种领导品质，这种品质需要"政治家一样的"远见和智慧。

当你允许自己想象一个更美好的未来时，你的洞察力就会指引你走向那令人敬畏的命运之路。当你驾驭它时，你会发现你的未来不在你面前，而在你心里。

让具有创意的热门产品受欢迎的真正秘诀不在于洞察力本身；而是在于有洞察力的人。当你开始意识到你是奇才时，奇迹就会发生。其他人也会注意到你。有些人会被你吸引，想要与你一同创造未来。有些人会忌妒和怨恨你。他们可能想要夺走属于你的成功。

几年前，有一段时间，我质疑过我是否真的有可能克服困难，实现梦想。同时可悲的是，就像许多在贫民区长大或每天都面临困境的人那样，我曾经相信，只有少数幸运的人能够提出真正有吸引力的想法。

我向你保证，我错了。顺便说一句，作为在贫民区长大的人，我不会轻易承认自己错了。即使现在，有人对我的观点提出质疑时，我还是会说，"嘿，我们到外面谈吧！"幸运的是，在这些极少数情况下，我的妻子朱迪——她和我在南加州的同一个小镇长大——帮助我保持冷静。

"理查德，"她会提醒我，"别忘了，我们从贫民区走了很远的路才取得了这些进步。"

完全正确。每个好丈夫都知道，他们的妻子总是对的。朱迪和我确实走了很长的路。所以，尽管我仍然生活在贫民区，但幸运的是，我有机会学习并和其他人分享我的经验教训，我是贫民区的富人！

事实证明，好东西确实来自贫民区。

属于你们的财富正等着你们，就像它们等候我那样。我在这里向你展示自己，激发你的潜能，提高你的热度。无论你在哪里长大，无论你年龄几许，无论你背景如何，或你目前处于什么样的职位，即使在最艰难的时期，你依旧有办法实现你的梦想。

在这本书中，我选择了实现梦想的十大核心教诲，这些教诲是我在多层面的、非常成功的职业生涯中有幸学到的，坦率地说，几乎没有人认为这是可能的。这些教诲来自我的故事，也来自曾经鼓励过我的良师益友们的经历，以及我曾经帮助指导过的个人的故事。所有这些都是为了给你提供创业思维的工具，让你能够作为自己命运的主人来采取行动。我的目标是让你掌握诀窍，赋予你创造机会的知识，并能够在你所在的领域取得巨大成功。我们的讨论将帮助我们检查以下不可或缺的资源，使你能够制定个性化的成功的行动计划：

- 你极具想象力的天赋，以及如何用你的想象力去发掘那些别人看不见的东西，从而点燃自己突破性想法的火焰。
- 你具有积极主动的能力，以及你如何运用这种能力来了解你所在公司的需求——即使这不在你的工作职责范围内，这样你就能给上级、潜在雇主和你自己留下好印象。
- 通过培养能力和卓越才能来实践未来自我的艺术——有时借鉴别人的成功策略，那些人的经历也将对你有所激励。
- 养成知道什么时候应该采取行动，什么时候不应该采取行动的习惯——如何避免机遇从你身边溜走。

- 通过研究最成功的企业家是如何敢于让自己看起来很荒谬的，你会获得意想不到的优势，这种优势可以体现在副业或者创业中，还可以让你在领导岗位上步步高升。

- 永远有用的"如果……会怎样？然后该怎么做？"驾驭风险的授权方法，让你在竞争中脱颖而出。

- 一个新颖的讲故事的方法，你可以发展并使用它来成功地将你的想法推销给一群持怀疑态度的决策者，以及为什么你不必影响每个人，只需要影响正确的人。

- 用你未充分发挥的才能迎接挑战，既要确保你有一个超越对手的策略，如果需要的话，还要有一个他们永远看不到的全新的竞争计划。

- 你自己通向领导的道路，以及你可以采取的步骤，以专业人士的方式与他人沟通，与他人建立联系，激励他们和市场——无论你是在为自己辩护，重塑自己的职业生涯，还是领导自己的公司。

- 在你勇往直前的过程中，当你不需要征得别人的同意，你对生活满怀信心，充满了快乐和目标时，真正的伟大就已经植根你的内心深处，即使有时你不得不"假装成功，直到你真正成功为止"。

我向大家分享的教诲已经指明了获得未知资源的方法，这些资源已经存在于大家的体内，正等待我们去发掘。你所拥有的通往成功的条件比你意识到的更多，而且你已经拥有了属于自己的"弗拉明辣"。你的灵感来源就在那里——在你的掌握之中，或在你的视野之内，或你的视野之外。

那天我给罗杰·恩里科打了电话后，我的经理们大发雷霆。他们气疯了——谁让清洁工给总裁打电话的？我们付你钱不是让你设计新产品的！

但是对我来说他们的意见并不重要。重要的是我的儿子们对我刮目相看，并向同学炫耀道："我爸爸真了不起。"早在升职或获得更多关注之前，他们就已经告诉我，"爸爸，你会成为大人物的。"

对他们来说，我才是真正"弗拉明辣"一样的存在。我早年没有做到的一切，都将帮助我成就未来的我。

如果你不知道你有多"弗拉明辣"，那么我会在这里点燃你心中的火焰。现在是开始行动的最佳时机。对于那些认为你必须从基层做起,一路爬到高层的人,我要说:"我不是从基层做起的,我是从起点做起的。"

这就是我们开始的地方——起点。那么,让我们开始吧。Vámonos[①]。

---

① Vámonos,西班牙语,意思是我们出发吧。——译者注

2 学会像老板一样行动

有各种各样的理由让你觉得你被困在了一份没有前景的工作里，甚至连体制也不给你容身之地。其中许多原因是合理的。有时候，也许你确实尽力争取晋升，但不知何故你被忽略了，机会给了一个不那么值得的人——或许是人脉更好的人。也许你尝试开发创意，但没有得到预想的关注或重视。也许你的创意没有成功，所以你在犹豫是否再试一次。

如果你碰巧认识此类感到沮丧和陷入困境的人，或者如果那个人就是你——不要绝望！有一个基本的解决方案可以几乎在一夜之间改变你的观点和你努力的结果。

事实上，你拥有比你想象中更大的力量来改变你的处境。一旦你开始像老板一样采取各种行动，你就可以很容易地使用这种力量。这可能需要练习，但学习我所谓的"如何像老板一样表现自己"的基础知识永远不会太晚。

我想与你分享的 3 个关键因素：一是要明白过去没有的一切都在帮助你，成就你在未来拥有你一直渴望的一切。二是为你所做的一切感到自豪，即使是最小、最琐碎的工作，并在你所做的每一件事上都刻下你的名字。三是成为自己的摇滚明星——在积极主动的领域里成为一个有成就和受人尊敬的人。

你也许会感到疑惑，如果基本面如此简单，为什么还有那么多人没有弄清楚像老板一样行事的秘诀。主要原因在于我们总是允许别人来定义我们的命运——我从个人经历中理解了这一点，因为我曾经是一个不能抓住机会的人。

也许以下一些经历对你来说并不陌生。我的建议是回到你的过去并检查它们的影响，正如我们即将要做的那样。你可能会和我一样惊讶地发现，为了继续你的未来，某些时候你必须先回到之前的历程，重新学习那些你当时忘记或没有学到的东西。

从统计数据来看，在我 19 岁时，我的未来看起来不容乐观。我从六年级以后就没有接受过正规教育，此外，少年时代我还有过一些不良记录，并且因为与一些不良少年交往而声名狼藉。

如果有人打赌，像我这样的人最终有可能成为企业高管、企业家、商业顾问、慈善家、作家和全球讲师，那么这个人一定是愿意在微乎其微的可能性上押注的人。

小学时，世界似乎已经给了我定位。我身上没有任何表明我注定会成功的迹象——既没有远大的抱负或才华，也没有感兴趣的主要学科领域。

但是我的确有一个爱好——棒球。如果我们贫民区有人会打，我就和他们一起玩，我打得还不错。然而，没有合适的设备或适当的训练和鼓励，我也只是普通水平——不在球队首先选中的球员之列。我在学校也不是出类拔萃的学生。

在公开的种族主义时代长大，我得到的信息是，社会不重视未受过高等教育的农产工人所生的棕色皮肤孩子。事实上，我的父亲非常有才华。他能修理很多东西——机器、汽车，只要你说得出的，他都可以。在鼓励和培训下，他本可以成为一名成功的艺术家、建筑师或承包商。无论你向他描述什么，他都可以画下来然后落实在建设中。我父亲的汽车维修业务一直蒸蒸日上，但他没有良好的理财能力，结果一败涂地。我的母亲更像一名战士，竭尽全力养家糊口。当我想到她的积极性——一个我长久以来不知道的词时，我一直感谢她所做的一切，不仅仅是做饭、清洁、照顾所有孩子、在田间劳作，一直寻找如何通过兼职工作来增加家庭的收入。

尽管如此，我仍然对我所在的住区和文化感到自卑，因为我们贫穷，又是棕色皮肤，说另一种语言。这成为一种焦虑——这是太多孩子不得不面对的事情，即使是现在。例如，我清楚地记得6岁时母亲自豪地为我第一天去学校做准备时，我哭了。那个星期，我们接到通知，我是8个来自瓜斯蒂贫民区的孩子中的一个，我们被选中乘坐公共汽车去学校，几乎所有白人家庭的孩子都上过这所学校。我母亲尝试让我冷静下来。母亲以严肃的态度取笑我，意思就是："爱哭鬼，你为什么哭？"

我告诉母亲：因为我不想去那所学校。那里每个人都说英语。我的意思是——那里所有人说的语言我们都听不懂，你怎么能把我送到这样的学校呢？这是不对的。这不公平。

我母亲耸了耸肩。"这是法律规定。你必须去那所学校。"

当我继续大声抱怨时，我最喜欢的叔叔已经护送我和其他孩子到了拐角处的公共汽车站。

"不要闹了，你打扰到其他人了。"他告诉我。就在这时，我们听到了咕噜咕噜的声音，一辆崭新的黄色公共汽车映入眼帘。当它离我们越近时,我就越不愿意登上它。

但是接下来——那辆公共汽车开过去了,它并没有停下!甚至没有减速。你真该看看那时的我们,我们根本无法掩饰笑容!

叔叔一脸迷茫。我是个多嘴的人,我对叔叔说:"我知道发生了什么。今天是墨西哥节日,我们今天不用去上学!"

"真有意思。"叔叔冷冷地说,根本就没当真,即使我和朋友们已经欢呼雀跃。

当我叔叔站在那里尝试让我们停止庆祝时,我们突然听到一声砰砰砰的巨响!咳嗽一样的引擎发出很大的、非常突兀的噪音。我们都转过身来,眼前是一辆你能想象到的最丑、最古老的豌豆汤绿色的公共汽车。当我看到公共汽车开始减速时,我突然意识到我们应该上车了。

太丑了!我们为什么要坐这辆公共汽车?如果我们必须上学,为什么我们不能像其他孩子——白人孩子那样乘坐黄色公共汽车?

多年来,我一直对那些看不起我的当权者感到愤怒,不管是谁。不久之后,当我们的一位老师要求我们用蜡笔画一张图画时,我与制度发生了重大冲突。好吧,学校没有为我们提供蜡笔，因此，我带来了我们贫民区中唯一免费的蜡笔。很多颜色都不见了，它们都碎成小块了。老师在教室里徘徊，欣赏学生们色彩鲜艳的画作，到我的画前，她停下了，不以为然地摇了摇头。

为什么？事实上，我不是一个糟糕的艺术家，但我看上去无精打采。显然，问题出在蜡笔上面。

那一刻我觉得自己好傻。这是不公平的！

我该怎么办？8岁时，我走进附近的一家商店，偷走了购物通道上最大的一盒蜡笔。结果被一名店员发现了，尽管我恳求原谅，但他还是把我交给了他的白人店主。他本可以警告我然后放我一马，但这家商店位于贫民区，我猜他为了杀一儆百，拿我做个典型，所以通知了警察。

几分钟后警察就出现了，给我戴上手铐，然后把我扔到了巡逻车的后座。店主和他的员工看上去并不后悔。事实上，我被禁止再次进入那家商店。讽刺的是，4年后，我经过那家店，透过橱窗我看到摆满弗拉明辣奇多的完整陈列柜——弗拉明辣奇多是这家商店最受欢迎的畅销品牌之一，可能正因为弗拉明辣奇多，这家商店多年来一直吸引着顾客不断光顾。

蜡笔事件让我感到无能为力。当我把地址告诉警察时，我开始默默祈祷我们住区的人不要出来。但我没有这样的运气。还没到晚餐时间,天色已经开始暗了。快到住区时,我看到一群女人站在外面聊天,我母亲就在她们中间。当警察把我拉下车时,她脸上震惊的表情让我感到非常羞愧和后悔。

我母亲用西班牙语道歉,向警方保证不会再发生这种事。有一段时间这种事没有再发生,因为我再也不想看到她的眼神了。当我们搬到父亲建造的 74 平方米的小房子里时,我家的生活得到了改善,我们从一贫如洗变成了穷困潦倒。我之后去的学校在街区的另一边,而那儿的老师更糟糕!他们给我贴上了学习障碍的标签,让我上了所有慢班。实际上,我有阅读障碍症,但没有人意识到,也没有人教我如何正确地阅读单词和字母。结果,我感到无聊和怨恨。

我叛逆的一面很快就开始严重地显现出来,尤其是在我的家庭再次陷入困境之后。尽管我们失去了房子,不得不搬回轨道错误的一侧,但我的父母拒绝让挫折定义我们的位置。他们立即回到田间和其他任何他们可以胜任工作的地方,把这些作为他们的副业。不到 13 岁时,我意识到如果我要掌握自己的命运,不让世界左右我,那么我就该辍学去全职工作了。

清晨,在加州安大略南部,三四十岁的男人在一些角落闲逛。需要临时工的当地企业会过来，谁跑得最快，谁就会跳上卡车工作一整天。有时我会在田间劳作，有时我做园艺工人，收入是每小时 1.6 美元，我觉得这在贫民区来说是一笔不小的财富！

有几次我试着回到学校，结果却发现我已经远远落后于其他人。老师们指责我逃学，把我当作一个失败的案例，不再费心去尝试激发我的学习兴趣或帮助我赶上进度。我最感兴趣的是植物学，但学校没有开设这门课程！作为一名园丁，我从一些年长的园艺天才那里学到了如何与植物讲悄悄话。不管我问多少问题，他们都很乐意回答。我并不知道我正在学习一项可以用于任意工作的宝贵技能。唯一的问题是，事实证明，过多的逃课已经触碰了法律的底线。

那是我第 2 次被捕——因为逃学。接下来的 3 个月，执法部门和我就像猫捉老鼠。最终他们追上了我，把我关在了少管所的禁闭区。回想起来，我是在与我一同长大的那群人中，第一个说这些是糟糕的选择的人。然而，在贫民区里，好的选择并不多——留在学校继续学习，对我来说是不可能的，而最可能的选择是离开学校，这可能会导致加入帮派或者贩卖毒品。如果这些是唯一的选择，那么你可能会选择让你在短期内生存的任何选项。

有时我听到人们说"授人以鱼不如授人以渔"。虽然我赞同这种观点,但我认为你必须先为他提供充足的食物。如果你从来不用挨饿,那么你已经很受上帝的眷顾了。

去少管所并没有使我产生重新回到学校的想法。这段经历反而让我更加确信,我需要避免因为未成年全职工作而被捕。解决办法是弄一张假的出生证明,上面写着我18岁——当时我还不到14岁,然后独自闯荡世界。

接下来的几年,我在工作场所与年龄比我大两倍的男人一样做零件厂的机械师、洗车店的服务员、养鸡场的服务员,以及每一个你可以想象的其他类型的体力劳动者。

所有这一切都在与获得街头生存"硕士学位"同时进行,更不用说其他的额外学分了:逃票乘坐火车、陷入更多麻烦(主要是因为打架)、在西南各地的星空下露营,以及拥有自己的拉丁裔版本的"汤姆·索亚历险记"。

19岁那年,我和朱迪相识并开始恋爱,建立了稳定的关系,后来我们发现自己还是孩子——作为两岁孩子的年轻父母,我终于意识到,打零工并不能解决生活的压力。显然,我需要规律的生活和一条可以引导我取得某种进步的道路。

第一份经验教训，也是所有早期教育带给我的最大认知，我的未来不是一成不变的。在我看来，未来由我主笔。过去，我得到了机会，但我把它们搞砸了，或者我觉得我不够聪明，无法胜任一份好工作。然而，我确实开始质疑我从其他人那里收到的信息。这是我学习的开始，通过理解这第一个基本原则来表现得像个老板——我过去没有尝试过的一切如何帮助我专注于我需要做的事情，以改进并最终成就我一直想要成为的角色。

于是，我满怀希望地开始找工作，几天后，可能是命中注定，我听说菲多利公司正在招聘——而且清洁工的基础职位每小时可以拿 3.1 美元，外加福利。我从来没有像我想拥有这份工作那样渴望过任何东西。这是我期待已久的改变命运的机会。

但是有一个问题。每个申请人都必须填写一份申请书。那个时候，我几乎无法阅读或书写。我灵机一动，拿起申请书，向人力资源经理保证我会尽快把它还回来。回到家，朱迪坐到我身边帮忙填写。当她写下我深思熟虑的方案时，我们仔细讨论了每一个问题。

第二天一早，我就把申请书交给了人力资源经理，他瞥了一眼，问道："这是你填的吗？"

我的反应是大笑和耸肩——这可以解释为任何答案。

"嗯,"他说,然后补充道,"你的字写得很漂亮。"

相信我,从那之后我一直在赞美朱迪。

好消息是我得到了这份工作,并被批准当晚开始值夜班。唯一的担心是人力资源部门可能会进行身份背景调查。但在互联网出现之前的那些日子里,除非真的很糟糕,否则不会有太多信息被调查到。我的过去虽然并不光彩,但也没有什么特别糟糕的。无论如何,当我被告知要参加我的第一个轮班时,我欣喜若狂。

清洁工!我理想的职业。这就像是我刚刚被哈佛大学录取了!

尴尬的是,几年后,当我被时任加利福尼亚州州长的阿诺德·施瓦辛格邀请担任行业领袖董事会成员时,有人问我,我的过去或我亲戚的过去是否有任何事情可能让他在政治上难堪。我开玩笑说:"你知道的,我是墨西哥人,每个人都有一个叔叔……"换句话说,虽然我没有说出来,但我仍然不确定我是否可以通过背景调查。毕竟,如果背景调查后他们发现你的亲戚没有什么不良历史,那这就意味着你就是那个有不良历史的亲戚。令我欣慰的是,我接到电话说我通过了背景调查,我可以在董事会任职。

当菲多利公司的人力资源经理告诉我,让我当天晚上11点准时上班时,我跑了400米穿过马路来到田地,发现我父亲和祖父正在烈日下劳作,我把这个消息告诉了他们。

"菲多利公司?你在工厂找到工作了吗?"从田间到工厂对任何人来说都是一件大事,对蒙塔内兹家族来说更是一个突破。

祖父非常高兴。"你的工作是什么?"他问。

"清洁工。"

我的父亲和祖父面无表情地对视了一眼,似乎在决定谁先开口。父亲让祖父先给我一些建议——从那时起这些建议就是我一直信奉的话。

祖父把手放在我的肩上说:"听我说,当你拖地板时,你要确保那里的任何人在看到地板时,都知道是蒙塔内兹拖的。"我父亲点点头。

这些话是我第二份经验的重要知识,那就是像老板一样行事。随着时间的流逝,我越来越为自己所做的一切感到自豪,即使是最小、最琐碎的任务——总是把你的名字写在你所做的每一件事上——你就会成为一个对你和你的公司有价值的人。

老板将他们的名字写在他们的作品上。他们支持他们的产品和服务。他们保留了自己的品牌。从那时起，我为我的父母和祖父母、我的儿子、我的孙女和孙子以及我们的姓氏而自豪地完成了最小的任务。你的姓氏与你的公司无关，你的姓氏是你的遗产。

这是一种强大的心理转变，从那时起彻底改变了我的整个态度。很快我也即将发现像老板一样表现自己的第三个基本要素，它也将颠覆我对生活的态度。

在为自己的职责感到自豪的两周后——清扫、拖地和擦亮地板——我自信地走进了我的主管吉姆的办公室，他召见我进行审查。吉姆是一个身材魁梧的红发男人，下班后他会在健身房里待很长时间，他的肱二头肌很发达。他负责监督所有机构的清洁工作。

"理查德，"他说，"开始谈正事吧。我得让你离开了。"

我没听错吧。我很震惊，这份工作是我的未来，我和我的家人得以有个栖身之所，并且能够解决温饱。在过去的两周里，我比以往任何时候都更努力地工作，完成了所有要求。我一直在提醒自己：理查德，你曾经把生活中的一切都搞砸了，现在不要搞砸这份工作！

我终于结结巴巴地问："是不是我做错了什么？"

"不，"他承认，"但是你没有主动性。"这句话让我难以理解，他解释说我会拖地和打扫房间，但在剩余的两个小时，我不会做任何额外的事情。

我知道该怎么做了，我恳求吉姆，"再给我一点时间，我会向你展示主动性。"吉姆说他会给我两周时间，但看起来他已经决定要解雇我了。

回到家，我强忍着眼泪告诉朱迪："他说我没有任何主动性！"我觉得自己就像一个废人。"我这辈子注定要当一个傻子吗？"我问她。

我们做了一些第一次但绝不是最后一次的事情——我和朱迪去了图书馆，找了一本字典，查了一下主动的意思：先于他人做某事的权力或机会。

如果你想见到她，你需要主动介绍自己。

公司有机会抢占先机，先于竞争对手将其新产品推向市场。

我可以做到！差点被炒鱿鱼对我来说是一个非常深刻的教训，让我突破了最低要求。一切都变了。之后的一个班次，我完成了所需的常规任务，但是因为我有多余的时间，所以我开始了解整个操作过程，寻找能够清洁工厂里其他不在我常规工作范围内的部分的方法。

我主要清洁的职责包括确保不同的工作区域——比如午餐室、更衣室和洗手间——的干净、安全,垃圾已被我清走并且没有遗留的杂物。夜班期间,我会打扫办公室、走廊和自助餐厅,这是工厂里最繁忙、人员流动量最大的空间。当然,这在各生产线的生产区域外。周末,当工厂停工时,我可以对食品加工机械和安全设备进行彻底清洗。我们有加压软管、酸洗和其他执行主要工业清洁职责的方法。

当我开始利用额外时间四处寻找可以提供更多帮助的方法时,我惊讶地发现工厂生产的 5 个品牌中的每一个都与其他品牌不同。每天晚上我都会跑回家告诉朱迪我的新发现。比如:

- 菲多利公司的质量控制标准如此之高,我会看到不合格的碎片因最小的缺陷而被丢弃。"你扔掉的东西,我可以装进袋子里卖掉。"我后来对其中一位经理说。
- 我注意到,各生产区域的供应和材料开始不足时,工人更换下来的集装箱并不是空的。但是没有系统的方法来防止这种浪费的发生。我开始记下预防它的方法。没有人告诉我要这样做,但对我来说,这就像一个老板。
- 虽然我们做的五款产品——菲多、多力多滋、托斯蒂多滋、奇多和洋葱圈——都是用玉米做的，但每一种碎片的工艺和设备都大不相同。某些生产线上的一部分机器比其他机器更容易发生故障，但使用这些机器的工人必须等待专家来修理它。每当生产力降低时，公司就会亏损。

- 奇多的生产过程是最复杂的。玉米面放入模具，然后将其制作成奇多形状。在所有碎片中，奇多的生产过程最需要注意。然而，工人并不总能做到。

- 每个班次，每个生产线工人都必须与其他人同步工作。例如，一个人会控制玉米的制备，另一个人会控制调味料，而其他人则负责运送材料。运行这些生产线需要精确和专注，但有天赋的操作员才能运作整个过程。我想知道这些技术和能力最初是如何被设定的。

出于好奇和主动，我开始提问，这些举动有时甚至会惹恼经理和一线员工。我的问题涉及方方面面：

1. 教学方面。因为想学习，我会直接问，"你能告诉我你是如何完成这份工作的吗"？大多时候，我的同事喜欢被问及他们的专业知识，并愿意向我展示如何制作不同的碎片，非常详细地向我讲解。

2. 操作方面。我会问很多以"为什么"这个词开头的问题。通过问"为什么有些操作员将他们的计时设备设置得比其他人慢"（为了降低生产力但避免事故），我了解到，在一个流程的小细节出错可能会影响所有其他流程。例如，使用过多的油不会影响风味或脆度，但在我看来，这是不必要的额外成本。然后我会计算每小时多少钱。没过多久，我就在研究高级数学了！在学校里我曾经无法理解的概念现在突然说得通了。我将学习计算出每分钟生产 X 数量的碎片需要多少个油炸锅，以便我们满负荷运转以满足我们的生产需求。

3. 技术方面。每当我接触到专业技术人员时，我都会抓住机会提出一些技术性的，基于科学的问题，例如，"为什么扁平的碎片没有带凹痕的碎片那么松脆？"然后，在他们回答完一连串的问题之后，我会研究如何使某些碎片具有合适的凹痕或起泡，正如通常所说的那样——要产生最佳的松脆感。之后，我就会问更多问题，比如某些工序是如何把碎片弄得太扁平、从而不那么令人满意的。

主动性激励我总是随身携带一支钢笔和一个小笔记本。除了写下我得到的问题和答案之外,我还开始计算材料的费用,并记下关于如何更有效地运行生产线以及为公司节省资金的各种观察结果。没有比钢笔和随身携带的老式迷你笔记本这两样工具更适合像老板一样表现自己了。

不久之后,我就对不同的生产工作变得相当熟练。当有人需要抽烟或去洗手间时,我会加入并帮他们运作部分线路,最终替他们轮班。生产力成为一个令人着迷的领域。

在这个过程的早期,我突然想到,采取主动,从而像老板一样表现自己,并不仅仅意味着做好你被告知要完成的事情。它的意思是:

1. 弄清楚整个过程是如何运作的——不仅是为了完成你的工作,还包括与你互动的所有部门是如何运作的。

2. 敢于提问,不要怕听起来很愚蠢。

3. 乐于接受批评,然后做出适当的调整。

4. 自己找出需要做的事情,然后去做。

5. 始终认真对待每一件小事,即使没有人注意。

在我尝试实践主动性的两周后，人事部门的主管吉姆对我留下了深刻印象，他让我继续担任全职清洁工，并在我的评论中称赞我。我永远不会忘记那个令人警醒的时刻。后来，作为一名参与培训和发展领袖能力的高管，我总是鼓励经理和人力资源招聘人员告诉新员工主动性的重要性，并不要害怕提问。

当你雇用一个只会完成要求任务的人时，作为业主、老板或高管的你会承受更大的压力，要记住你需要该员工为你做一切。但是，当员工主动考虑工作的目标并在被要求之前处理它们时，那这些人就是所谓的"金子"。

从我参透像老板一样行事的基本原则的那一刻起，我就找到了让我不会陷入困境的工具——即使我并不总是得到我想要的晋升或补助。

大多数时候采取主动是值得的。有时你会碰钉子。我记得有一次我觉得我终于努力做出了一个脆度完美的碎片。在周末的空闲时间，我一直在尝试不同的方法，将已经浸泡在水和石灰里的玉米磨碎，通过水力喷射清洁过程，然后再次浸泡在马萨（一种玉米糊状物）里。我们通过软管将马萨注入大桶，并在两块大石头之间研磨，我们可以通过将石头靠近来调整马萨的精细程度。理论上，马萨越细，碎片在油炸锅里被炸时，起泡就越大。如果它太细，就像沙子一样，如果没有合适的松脆度，碎片就会太平，并且会缺乏松脆的有气泡碎片带来的满足感。

我使用的方法能生产出更薄、更轻但仍然很脆的碎片，我把它送给研发团队，供他们参考。但他们并不高兴。他们的回答是，"你说得对，这个味道不错，但不符合我们的规格。"他们的理由是它不符合已经建立的质量标准。

在他们看来，我的碎片增加了脆度，但质量不合格。

我的回答是，"质量——取决于舌头？"显然，他们不喜欢我的提议。这是一个教训。这被视为侵犯了他们的领域，即僭越。并不是每个人都会为你的加倍努力而欢呼。

然而，在大多数情况下，准备好超越职责范围是非常值得的。

我永远不会忘记进入菲多利公司两年左右发生的事情，是时候测试我学到的一切了。一天晚上，就在我到达工厂加入工地值夜班并巡视时，我听到一位经理在咆哮，因为多力多滋生产线上的操作员在接下来的 8 小时轮班中没有出现。现在要么中断多力多滋生产线，要么让最后一班的运行操作员再加一个班次。电话已经拨出，要求有人在短时间内加入，但显然，没有操作员可以接管并运行整个过程，没有人来。

"让我来吧。"我向经理提议，他不知道我在操作员休息时替他们代班。而接受培训成为可以实际运行整条生产线的操作员需要很长时间。"你疯了！"经理说，挥手让我离开。

我的实际入门级职位是"服务人员"，在20世纪70年代后期，它被称为清洁工甚至看管人这样一个更漂亮的名字。正如那位经理所知，我的主要职责包括确保办公室、走廊和自助餐厅、食品加工机械和安全设备的清洁和安全。

我告诉经理，生产线上的其他人可以为我担保。"你不用担心。"我保证。

经理很为难。他不想断开生产线，但让我接管是违反规定的。他在等受过培训的工人来接班。话说回来，他们在哪里？

"好吧，"他喃喃道，"如果你搞砸了，你就会被解雇。"

在接下来的8个小时里——两个4小时轮班——我以赛车手的精确度、对细节的把控、高度专注和技巧来运行生产线。3个生产阶段的速率和节奏：碎片加工；碎片装袋；将碎片装箱并送入用于运输和交付到商店的仓库——所有步骤的效果都来自对运行整个生产线所有不同站点的操作员的时间安排和掌握程度。一切都很顺利。

正如我一直研究的那样，生产力是通过在给定的 8 小时内推出多少磅产品来衡量的。整整 8 小时将产生大约 18 000 磅（约 8 165 千克）装袋和装箱的碎片。有时会遇到机器故障，效率必须放慢到每 8 小时轮班只能获得 8 000 磅（约 3 630 千克）的程度。在我的笔记本中，我已经计算出每小时需要多少马萨才能达到每 8 小时 18 000 磅（约 8 165 千克）的基准。我之前已经注意到，通过提高机器的速度和重置计时设备可以推动更多的产品。风险在于，如果你尝试过快的速度或者如果时间没有正确重置，机器可能会多次出现故障，或者为了数量而牺牲了产品质量。

我应该谨慎行事，还是将我的理论付诸实践？我决定表现得像一个老板，并为此而努力。快速重置所有机器的时间，让每个人都知道接下来 8 小时会发生什么，我决心让每个人都毫不拖延地行动起来，尤其是在调味和装袋阶段，所以我推动了产品数量的上升。在我的想象中，这就像一场世界职业棒球大赛，赌注如此之高，我就像一个职业棒球队的教练——为每个人加油，让他们兴奋地做他们通常做的任务。到了回家的时候，大家都感觉工作完成得不错。

那个周末，虽然我不知道，工厂经理读了报告，并把当时同意我插手的经理叫了去,问:"谁是多力多滋生产线上的操作员?"

"哦,你认识的,那个家伙,那个'服务人员'……清洁工。"

"你知道他推了多少磅产品吗?"工厂经理问。结果是我推了超过 18 000 磅,至少又增加了 5 000 磅(约 13 608 千克)。接下来的一次替班中,我担任主要操作员,创造了公司范围内在 8 小时班次中装袋和装箱的产品重量最多的纪录:30 000 磅(约 2 268 千克)。结果是有些经理评估道,"也许你应该问他是否想定期运行一条生产线。"(几十年后,我听说我当年训练过的最年轻的一线工人之一终于打破了我的纪录。)

工厂经理不能正式给我操作员的工作。就算我被录取,我仍然需要通过其他方式证明自己。我没有放弃清洁工的工作,而是保留了它,然后开始在夜班的所有生产线上工作。起初,我是炸锅操作员,然后是墨西哥脆玉米饼操作员,最后,我经营不同的生产线——逐渐成为加工专家。

如果我没有学会像老板一样行事的 3 个基本原则,这一切都不会发生。首先,作为一名入门级员工,我没有忘记早期工作中被困住或受限的感觉,并尝试从以前做得不好的地方学习。其次即使是最小的任务,我也会为自己的努力感到自豪,并在上面写下我的名字。事实上,当我创造了轮班通过的最多产品的纪录时,我可以自豪地说我打破了这个纪录。最后,我学到了缺乏主动性的惨痛教训。

在工厂里,当我听到一段关于工作满意度的谈话后,我理解了另一个如何像老板一样思考的普遍的规则。我的一个同事似乎一直在向一位中层经理抱怨他的工作。我的同事一直感到拘泥于陈规,并质疑他是否应该另谋高就。他说:"我只是在这里不太开心。"

我们的经理看着他笑了。他说:"如果我的工作是让你开心,我会给你迪士尼的门票。"

这听起来很刺耳,但他说得有道理。我意识到,让你开心不是你老板的工作。那是你的工作。我的家人让我很开心。梦想有一天能买得起一辆老爷车或一辆定制摩托车——这些想法让我很高兴。我从那次交流中真正学到的是,你不一定要热爱你的工作才能成功,但你必须热爱劳动。无论你是留在现在的工作岗位上,还是为了更合适的工作跳槽,你对早起上班和每天工作的热爱将长期对你有益。

当你考虑如何让自己像老板一样行事时,这里有一些问题你要问自己:

- 你是否相信自己掌握着自己的命运？如果是这样，太好了！你可能想给自己设定一些目标，而这些目标与设定计划的人无关——没有人为你设定计划。尝试在早上写下你的日常目标，并在晚上检查你的成就。

- 你是否随身携带着收集到的旧信息，或者你发送给自己的关于永远无法抓住机会的旧信息？有趣的是，这些信息随着时间有很多过了保质期，而且没有真实性。你可以用新的、更积极的信息来代替它们。老板会给你一个鼓舞人心的谈话，告诉你是什么让你对你的雇主有价值，你会如何给自己同样的鼓舞人心的演讲。

- 你是为支付薪水的企业，还是为你的姓氏——你的遗产工作？如果你能想出过去取得的成就，是否为此给予自己肯定并将它们作为遗产的一部分而感到自豪？

- 如果你觉得有点陷入困境了，明天你能不能主动做一件额外的事情，让你走出舒适区，表现得像个老板，每天采取的每一个小行动都会累积起来。你可以提出问题、阅读文章或书籍，探索你可能从未见过的工作场所的方方面面。

- 如果你觉得你的工作不适合你，你能花一周时间专注于努力工作吗？你可能会得到答案，是时候寻找另一个职位了。或不。像老板一样表现自己将有助于指导你找到合适的位置。

当你选择像老板一样行事时，你就在进行一种心理转变，使你成为生活各个阶段的运营专家。

我差点被解雇的失败给了我惨痛的教训，这也给了我后来的勇气。当你采取主动并超越最低限度时，你的成功几率将会提高，战胜知识匮乏的问题，甚至是失败和错误。

当你开始表现得越来越像一个老板，跳出只做计划内任务的框架，你采取主动的习惯将改变你的环境和自身。下一步你不仅要像老板一样行事，还要用你以前可能从未考虑过的方式思考。

3 学会像高管一样思考

在菲多利公司工作了3年多后,有一天,我在换班之前就到了工厂,碰巧经过会议室,我们的运营主管正在审核最近的生产、运输和销售数据。他是一位出色的演讲者,他吸引了房间里所有人的注意——大部分是经理、董事和其他高管,他浏览了一系列的数据,并指出我们在哪些方面超出了目标,在哪些方面没有达到目标。我被吸引住了,于是在后面的座位上坐下,开始在我随身准备好的笔记本上写下他所讲内容的要点。

那天,没有人问我为什么会在那儿,然而在我开始定期出席这些会议之后,一些经理开始注意到我并发表意见,比如:"你最好不要上班时间来这儿。我们花钱雇你不是让你来旁听的,你拿着笔记本做什么,你以为你是谁?"

我没有告诉他们我是谁,但我向他们保证,还没到我换班的时间,我只是对我们的运营主管简化许多复杂信息的方式感兴趣。

他们通常摇摇头就走了,抱怨又不给钱,跑来参加会议是为了什么。或者他们会说:"好吧,随你吧。"

然后我鼓励并提醒自己现在所做的一切都是在对未来进行实践,我在学习像高管一样思考。

那时候,我对高管们的实际想法一无所知。但我知道,如果我能更多地了解到高管们到底做了什么,以及他们如何晋升到更高责任和决策职位,我就能学会像他们那样思考。

有一天,我毫不犹豫地决定去运营主管的办公室,询问他一些有关运营的数据。当我突然把头伸进去时,他的秘书看起来很吃惊,问道:"有什么事吗?"

"是的,我想预约一下。"

就在那时,主管看到了我,问我是否需要帮助。当我解释说我想每隔一段时间就来咨询一些关于他演讲的问题,因为这些信息可以帮助我更好地完成我的工作时,他耸了耸肩,邀请我到他的办公室。我拿出笔记本,礼貌地开始询问他提出的重要观点，并不时地从一线员工的角度向他提出一些建议。我的主要问题是，我是否可以定期得到他的总结报告，并与我的同事分享。

"你是对的，每个人都有权利看到这些报告。"他虽然表示同意，但是又疑惑为什么以前没有人想到过这一点。从那时起，他开始把他的报告分发给工厂里的每一位工人。他感谢我的想法，并向我表示他那里的大门随时为我敞开。真正具有实际意义的是，我给他带来了信息以及与一线员工的联系。这是许多高管所缺乏的。就公司而言，人力资源无疑是最有价值的资产，而激励员工更有益于维持公司的良好运营。从那时起，每当我对运营以及高管如何看待某一问题有任何疑问时，我都知道该去哪儿，怎么做。这是一个开始！

如果你相信自己能做出更多贡献，但在当前的职位上却止步不前，或者没有人帮你进步，又或者你只是想知道如何获得上级的关注，我想让你明白的第一件事是，你不需要得到任何人的允许就可以开始实践未来更成功的你。当你开始探索下一个步骤时，你不必为提前思考而道歉，而这些步骤——显而易见是从我在学生时代没有做过的事情开始的：

1. 完成你的历史作业。几乎每一家公司，无论大小，都有受人喜爱的品牌历史，以及创始人和有影响力的高管的历史。当你了解这段历史以及背后重要人物的贡献，你就增加了你对行政部门的价值——按照传统的说法，行政部门的成员是领域的捍卫者和品牌的保护者。然后你就会像高管一样思考。

2. 了解优秀和能力之间的区别，以及为什么高管应该两者兼备。当你想被雇用或升职时，不要问公司能为你做什么，而要问你能为整个公司的运营做什么。高管们不仅表现出自己的优秀和能力，而且他们也明白他们需要在别人身上找到这些特质。

3. 寻找能够指导你的榜样和前辈。找到有时间或兴趣与你会面的人并不容易，尤其是忙碌的高管或高层经理，更不用说监督你的进步了。也就是说，除非他们发现他们也可以向你学习。最聪明的高管，就像最好的老师一样，从不停止学习。

20 世纪 80 年代初，当我开始意识到一线员工和高层管理人员之间存在着巨大的脱节时，我对像高管一样思考的 3 个基本步骤一无所知。我唯一知道的是，对许多高管来说，学习品牌历史——菲多利公司和百事公司是如何走到一起成为百事可乐公司的——就像学习《圣经》。实践未来的我,这就是我最初完成的作业:了解早期的干脆零食。

曾经有一段时间,一想到我竟想努力成为一家公司的副总裁,我就会摇头。但当我坐下来进一步了解这家公司的发展历史的时候,我确实觉得自己可以晋升到一个责任更大的职位。那时,菲多利公司没有墨西哥裔美国人被提升到高管级别,所以我很高兴地得知,在玉米片和薯片还没有成为家庭主食之前,发明这些最受赞誉的食物的人根本不是来自美国主流社会。玉米片的发明者是一个墨西哥街头小贩,而发明土豆片的人据说是一家豪华度假餐厅里的一位半非洲裔／半印第安裔厨师。

这就是第一次发现玉米片巨大潜力的企业家兼高管查尔斯·埃尔默·杜林的故事。在经济大萧条时期,杜林开始经营一系列的生意,包括圣安东尼奥的一家糖果店。杜林总是在寻找其他人创造的新东西——特别是可以在他自己的商店里卖一种不用加糖的玉米零食。玉米饼没有保质期,所以杜林不确定哪种玉米零食可以吃。

直到有一天,杜林在加油站外遇到了一个墨西哥街头小贩,他在那里卖他发明的东西——用挤压的马萨制成的玉米片一样的炸块,放在热油里,煮熟、加盐。它们被称为小油炸食品,又名菲多。杜林有健康问题史，不能吃高盐或油炸食品，但他看到了排队的人和他们品尝玉米片后的反应。当他看到别人没有看到的东西时，他的眼睛睁得大大的：一种便宜、容易制作、会像火焰一样在人群中流行的零食。

在购买了专利后，杜林改良了配方。他喜欢实验，所以在他生活和工作的每一个地方都安装了厨房，就像秘密实验室一样。在这样的厨房里，杜林还发明了奇多。在我的研究中，我很高兴地发现，杜林总是让他的孩子和其他家庭成员充当他最初的品尝者和配方开发师（我一直都是这么做的）。

杜林最初把菲多看成是一种配菜或小菜，而不是一种可以大量食用的主菜。尽管如此，他还是推广了有关菲多的家常食谱，并把这些食谱印在包装的背面。你可能听说过菲多派（将一袋菲多切开，加热一些罐装辣椒酱，放在碎片上，然后用勺子挖着吃），但你听说过不用煮的菲多巧克力脆片吗？菲多南瓜砂锅怎么样？

我喜欢查看菲多和奇多早期包装的原始设计。在操作方面，杜林采用了亨利·福特的流水作业线的一些元素来生产碎片——其规模在当时还没有实现。然后杜林做了其他品牌无法想象的事情，在迪士尼乐园开了一家餐厅，取名为 Casa de

Fritos（菲多之屋）。没有什么比与世界上最幸福的地方联系在一起更像美国人了。

薯片和菲多利玉米片不一样，玉米片来自街头，而薯片大约出现于19世纪的法国。故事是这样的：薯片第一次出现在美国是1853年，在纽约萨拉托加斯普林斯的一家高级餐厅。当一位挑剔的顾客（有些人说是康内留斯·范德比尔特）把他的油炸马铃薯条送回店里，说土豆不够脆时，主厨很生气。这位主厨很恼火，于是做了一批超薄和酥脆的薯片，没想到大受欢迎。从此，萨拉托加薯片让这家餐厅声名鹊起。

这种激动情绪爆发后，全国各地的小公司都开发出了自己的薯片品牌。20世纪30年代，来自田纳西州纳什维尔的赫尔曼·沃登·莱创建了一家这样的公司，他是一家零食和饮料分销商。为了与所有竞争对手不同，他设定了宏伟的目标，要创建一个全国性的薯片品牌——当时还不存在这样的品牌。

莱收购了现有的一些经营不善的公司，这些公司的业务得以好转，由此使他的公司——乐事——成为东南部最大的公司之一。莱对员工的关心也是出了名的，他相信成功的关键在于支持他人的成功。

1961年，两个家喻户晓的名字——达拉斯的菲多公司和乐事公司正式合并，一个强大的集团由此诞生。杜林在合并完成前去世了，但是莱（新成立的菲多利公司的董事会主席）通过实现创建第一个全国性零食品牌的梦想来纪念这两家公司。莱的下一个梦想更大——走向国际。

接下来是百事可乐的总裁唐纳德·麦金托什·肯德尔，我后来从他那里学到了很多东西。1965年，莱促成了菲多利公司和百事可乐公司的合并，肯德尔与莱共同创立了新成立的百事公司，并被任命为总裁兼首席执行官。肯德尔从百事公司最底层的糖浆销售员做起。在10年内，他成为领导国际部门的主管。当可口可乐成为欧洲大部分地区最畅销的可乐品牌时，肯德尔策划了一个新战略，推出百事可乐——在这个过程中百事可乐击败了可口可乐。肯德尔给了我难以置信的灵感，他以自己强硬但富有远见的风格从一个入门级的小人物一跃而上直至最高层。

在了解菲多利、可口可乐和百事可乐等品牌历史的同时，我还能了解公司的名人榜。了解这些名人和他们的贡献非常重要，这帮助我在学习像高管一样思考方面又迈出了一大步。至少，我学会了在接近这些上级时，或者当我认为我有他们感兴趣的东西时，不会感到害怕。这是最优秀的高管思考问题的一个共同点——他们不会放弃任何可以盈利的发现。

除了认识肯德尔之外,我还和他的副手韦恩·卡洛维取得了联系。肯德尔不仅是百事公司的创始人,还是百事公司的首席执行官(总部位于纽约),他一直在董事会中发挥着重要作用。而韦恩是百事可乐公司的首席执行官,他在达拉斯领导菲多利公司,并在1986年接替肯德尔成为百事公司的首席执行官。韦恩——他那慢吞吞的北卡罗来纳腔调从未消失,他是一名虔诚的教徒,他喜欢阅读励志书籍和骑哈雷摩托车,并总是对新思想持开放态度。

从我第一次给肯德尔和韦恩寄我的一个创新的样品(超大号的适合蘸酱的碎片)开始,他们都热情地鼓励我随时给他们寄创新的样品。通过研究高管们的思维方式,我感到这意味着他们不只是友善。他们真的很感兴趣,也很感激。每次邮寄东西时,我都试着让它物有所值。就像有一次我看到邻居家的孩子从冰淇淋车上买了几袋酸橙和辣椒调味料。我在跳蚤市场以每包10美分的价格买了几包寄给韦恩。接下来,我所知道的是,总部的每个人都在谈论下一个口味趋势——是的,你猜对了——酸橙和辣椒。

不久之后,我收到了韦恩的一封信,感谢我在创新方面的优秀表现,并随信附上了股票证书。这使我成为第一个获得一只股票的一线工人。他的举动揭示了像高管一样思考的另一个方面:激励员工。

肯德尔、韦恩,以及后来的罗杰·恩里科(韦恩才华横溢的继任者,37岁时成为百事可乐公司的首席执行官,在44岁时被派去领导菲多利公司),为我展现了两种特质——优秀和能力,我始终认为它们是执行型领导的关键。

在我看来,描述这种差异最简单的方式是,优秀是指你尽力做到最好,而能力或技术能力是指你在某方面真正地做到最好。稍微了解一下词源可能会帮助你更清楚地了解这两种特征。

优秀(excellence)源于拉丁语 excellentia:"优越,伟大,区别。"ex("从"的意思),加上 cellere("升高、高耸"的意思),与 celsus("高的,崇高的,伟大的"意思)相关。因此,要成为最好的自己,就要愿意上升到崇高的精神程度。追求优秀或激励他人追求优秀更多的是一种精神追求,一种来自内心追求优秀的精神。

能力(competence)来自法语和拉丁语,指"足以轻松生活"和"能力或能力的适当范围"。技术能力,作为一种对执行型领导很重要的特质,也指对系统的熟练掌握——系统是如何工作的，当系统崩溃时该怎么做。能力，一种擅长某件事的品质，可以更多地被看作是智力而不是情感。在做决定时，能力会让高管做出更务实、更具战略性的决定。

我一直很想直接从高管那里听到他们看重员工哪些方面。在后来的职业生涯中，我的一位指导者曾称赞我有技术能力。对他来说，品牌历史很重要，销售和市场营销也很重要，但最重要的是——你必须了解你的产品，以及公司的销售或服务行业。因此，如果你想要像高管一样思考，你就应该深入了解你的产品。

最好的决策者在执行层面上用他们的头脑和他们的心来思考。当我升到高管职位，必须对报价做出决定时，我用头脑和感情来评估一笔交易——这是否有利于我的员工，为他们提供实现优秀的机会，或者从技术能力和公司的底线来看，这是否有意义？

通过做功课向高管学习他们是如何做出决定的，我养成了在脑海中构思未来的习惯。这种做法不是我自己想出来的，而是从榜样和前辈那里学来的，他们帮助我发展和成长——他们有时甚至没有意识到他们在帮助我。

我们可能都在美国和其他地方看到过成功的企业家形象，

即一步一步爬上成功的阶梯。然而，我们中许多人不是来自主流商业背景，有不同的看法。对我们来说，它不像梯子那样直接，让你垂直地往上爬。我的观点是，这更像是攀岩。你可能会向上走一步，但随后你必须达到侧面的水平线，找到不同的立足点。在攀登大大小小的岩石的过程中，为了成功，你不断地努力。有时候，你会觉得只有你自己在外面，以及需要攀岩的陡峭岩壁，而巨石挡住了你的去路。然而，在大多数情况下，你可以从那些比你先来的人，甚至是那些愿意给你一些建议的人的例子中得到帮助。

你可以称他为你的领路人，你的向导，你的榜样，又或者你的指导者。没有必要给别人一个正式的头衔来从他们身上学习你在这个世界上晋升所需要知道的一切。有趣的是，我见过的许多很成功的高管都相信指导的重要性——就好像他们曾在某个时候也受到过指导一样。

菲多利公司的许多经理会容忍我，但他们并不总是欣赏我。我总是打破常规，踏入他们的地盘，像老板一样行事，像高管一样思考。他们不断地提醒我，他们付给我钱不是为了让我追求优秀和能力。

在我年轻的时候曾有过一个例外——这位指导者在我早年

认识的人中独树一帜。他教会了我如何像高管一样思考、穿着、说话和行事。作为一名生产经理,朱利叶斯·麦基是我见过的最大胆、最有魅力,但最低调甚至最谦逊的人之一。朱利叶斯出生于20世纪40年代,是一名非裔美国人,他来自俄克拉何马州的一个小镇,在成长过程中不得不面对极端的歧视。他曾被枪击,被吐口水,被骂过最难听的名字,甚至被大学拒绝录取,尽管他很聪明。最重要的是,他教会了我如何超越那些憎恨我的人,永远不要让歧视使我感到痛苦或成为受害者。他解释说,选择抵制痛苦是他赢得胜利的方式,也是获得自由超越自我的方式。

朱利叶斯一走进房间就能获得人们的尊重,首先,他很有礼貌;其次,他走得很潇洒;最后,他会穿着黑色的长皮大衣去上班——就像电影里的侦探。受此启发,我开始用我在善意企业旗下的旧货店[①]里为数不多的几件买得起的衣服来塑造自己的形象。在那个时期,经理和底层工人的穿着都不一样。经理们穿着卡其裤和领尖钉有纽扣的长袖礼服衬衫。普通的工人穿

---

① 旧货店:又叫善意企业(Goodwill Industries International Inc.,简称Goodwill),是美国的一个非营利组织。该组织的目的是帮那些无法获得工作的人提供工作培训、就业安置服务和其他社区计划。善意企业的资金来自于自身开设的旧货店,这些旧货店也以非营利的方式运作。——译者注

着蓝色的工作服，就像加油站的服务员。当我决定开始穿卡其裤和正装衬衫时，我引起了其他经理的注意。

有些人会问："你知道你在干什么吗？"

我回答说："为未来做准备。"

所有人都很生气，直到其他一些一线工人也开始穿得像经理一样。大约一年后，着装规定发生了变化。

朱利叶斯本应担任副总裁，但作为那个时代不墨守成规的少数派，他不适合这个职位。尽管如此，他的思维方式还是像一个高管——他是一个数学奇才，也是我获得技术能力的主要原因。他还敦促我要求升职和加薪。

"理查德，"他总是说，"你是超级明星，不要为了一顿牛排晚餐出卖自己。"

多年后，我读到：伊萨卡岛的国王奥德修斯在去参加特洛伊战争之前，请一位朋友照顾他的儿子，以防他回不来。那位朋友承诺说："我会把他当作自己的儿子来教育和抚养。"这位朋友的名字叫"曼托尔"（Mentor，意味着指导者、教师）——这个词就是从这里来的。指导——投入自己的时间、精力和技能帮助他人发展的过程——很像养育子女，也很值得钦佩。

我总是说，我在菲多利公司工作的前9年，就相当于拿到了普通教育毕业证书，再加上一个大学学位和一个研究生学历。我与朱利叶斯和工厂运营主管共事的经历——每次我有问题，他们都会向我敞开大门——让我明白，在公司的结构体系里，有关晋升的问题我不需要独自解决。

多年来，多亏了这些早期的经历，让我在不需要解释或请求许可的情况下找到了榜样和可以指导我的人。他们中的一些人并不知道他们给予了我指导和帮助。整个过程都很融洽。没错，我是清洁工，而他们往往是董事、副总裁，甚至是未来的首席执行官，但这不影响我向他们学习。

当你决定实践未来的你，学习像高管一样思考时，向能帮助你攀登巅峰的人寻求建议，你总会得到一些你可以使用的建议。

- 如果你知道你可能有机会见到一位潜在的指导者，或者与一位你想听取他建议的人说话，那么就事先了解一下他们的过往记录和成就。准备好几个问题，不仅是你感兴趣的问题，还有能让对方舒服地谈论自己的问题。谁不喜欢谈论自己呢？
- 如果你心里有一个人选，他可能是一个很棒的指导者，但你又不想占用他太多时间，那么你就不必给他贴上这个标签。你可以提议买咖啡，也许你们可以有一个"信息性面试"。如果你做了功课，你问出一些和他们工作相关的问题。像高管一样思考，以优秀的精神为会议做准备——尽你所能做到最好。还要准备好强调你的能力——你擅长的东西。

- 不要等你的雇主（或潜在的雇主——如果你正在找工作）来跟你谈你的晋升、加薪或薪酬。我们中的许多人在提出自己的需求时会感到紧张，认为自己会因为提出需求而被取代或解雇。做你自己，直截了当，直接说出来。如果可能的话，让对方提出建议。通常，他们会压低报价，那是你的底线。现在看看顶线是什么。

- 要知道有竞争力是正常的。当你环顾你工作的地方，注意到一个同事的职位比你高，想要站在他们的位置上，从他们的技术能力和他们擅长某些事情的方式中学习是可以的。这就是他们如何在不知不觉中成为你的指导者。

修炼未来的自我——这门艺术可以让你变得有趣、有创造力和自由。你可能还没有升到高管级别，但当你具备了公司高度重视的员工的特质和思维模式时，你就会拥有一种以前可能从未有过的活力和镇定。接下来可能发生的美妙的事情是，当你像一名高管那样思考时，你将获得关于问题的解决方案和创新的内幕消息，这些都是高管们想知道的。你会对那些热门的和不热门的想法有第六感。

4 最好的想法要趁热

"我有一个价值 10 亿美元的创意,但在我告诉一个朋友之后,他偷走了这个想法并付诸了行动!"一位尝试在科技领域取得成功的绅士曾向我吐露。

创意从来都不是偷来的。这听起来可能很残酷,但这是事实。我们要么按自己的想法行事,要么不。对于按自己的想法行事,我的意思是,通过研究、发展和促进一个想法的实现,把你自己的时间投入这个想法中。这样,你就把它变成了一件有价值的东西,上面有你的名字。你也在保护它,不让任何人出现,借用你的概念,把它据为己有,从而劫持属于你的成功。如果你想避免这种命运,我的建议是,像紧握底牌那样把你的想法紧紧握在手中。

然而，更重要的是，如果你不迅速采取行动，想法就会过时。当你有好的烹饪方法时，不要忘记趁热上桌。所以要把那张桌子摆好。

"有空吗？"我还记得有一天，朱利叶斯的办公室开着门，我站在门口问他。他穿着黑色长皮大衣正准备回家，我不想耽误他太多时间。

他挥手示意我进去，并问我有什么急事。当我给他看我的笔记本和我一直保存的笔记时，他似乎对我即将造成的麻烦感到兴奋。他也知道，这个麻烦可能会对改善公司的收益净额产生重大影响。作为一名清洁工，我学会了如何在生产线上工作，并在轮班工人不来的时候获得了加班的工作机会，之后我被提升到公共事业部门——这意味我了解工厂的每一寸土地。没有哪件设备是我没有清洗过的，或者不知道它是什么，以及它是如何工作的。我的发现是其他人似乎没有想到或优先考虑到的问题——浪费。

当你成长在一个有 11 个孩子的家庭，在和其他农场工人及他们的家人一起吃自助餐厅的食物时，你就会懂得留意所有剩余的食物，如果你不认领就会浪费掉。一方面，我很欣赏菲多利公司严格的质量控制准则。另一方面，由于人为失误，或者原材料、供应品和设备部件被随意丢弃,我们失去了完美的产品。

我来自贫民区,也许因为我看到我父亲修理所有的东西,都会让它们焕然一新,所以我一直把不要浪费这件事放在心上。当然,这就是我开始记录在菲多利公司每天有多少食物、劳动力、供应品和利润被浪费之后的感受,我觉得这些都是可以避免的浪费。

我可以确定一些浪费的主要原因。不过,所有工厂并没有每个员工都必须遵守的通用做法。人们只是想当然地认为清洁工会来把需要扔掉的东西全部清理掉。在 20 世纪 60 年代和 70 年代,第一次出现了关于扔垃圾的宣传活动和公共服务公告。在那些日子里,你会看到人们把垃圾扔出他们的车窗,根本不考虑公共空间的整洁。当然,菲多利工厂里不存在乱扔垃圾的问题,但普通工人没有接受过这样的培训,所以需要注意在扔掉它们之前容器里的所有食材是否都已用完。几乎在每个班次,没有被正确包装和装箱的额外产品最终都会被运走。这种情况在生产线中断时经常发生。

加工、包装和运输这 3 个生产阶段中最关键的是包装。首先要把不同尺寸的袋子装箱,然后放在托盘上,送到仓库装运。

如果出现延误，只有 10 个袋子被及时密封，并且将它们放入一个设计用于容纳 12 个袋子的盒子中，那么未完成的盒子就不得不被放置在托盘上等待。产品被装入挂在机器上的袋子里；然后这些袋子会被密封起来，从装配线上被拉下来，放进盒子里。当生产线移动得太快或太慢时，没有任何装置设备可以把正确数量的袋子放进一个盒子里。有时，运行生产线的人会手动修复它，但并非总是如此，这将大大减慢过程，并导致每天数百美元的流失或更多的损失。所以我给自己的挑战是，弄清楚当一些未装满的袋子从生产线上掉下来或没有及时被拉上来时该怎么办。如果你能让这条线不出差错地运行，你就能节省时间和金钱。

据我所知，切割袋子的机器操作员可以给一个轮班带来成功或失败；切割工人必须确保每分钟能切割 20 个袋子，而且切割效果是完美无缺的。对于更小的袋子，切割工人每分钟可以切割的数量超出好几倍。重点是将一定重量的碎片有系统地装入大小相同的袋子里——切割/折叠、填充和密封袋子。当出现任何延迟时，我们会以一种被称为跳过袋子的情况结束，可能会出现空袋子，因为食物并没有被装入。

漏装对操作人员来说不是问题，因为流水线会慢下来——

变成漫步而不是冲刺。他们甚至喜欢这种情况。尽管如此，这仍然是一种浪费，因为我已经像一个高管那样思考和行事，所以我认为应该有人在管理层面上提出这个问题，并为预防浪费做出一个简单的清单。在向其他人提及我的检查清单之前，我想根据正在运行的生产线做出一些适当的修改。

在我的休息时间、下班时间和周末，我向朱利叶斯和其他人提出一些问题，四处考察，并记录下大部分浪费发生的地方。我注意到生产线上浪费最少的是我们生产奇多的地方，有趣的是，奇多是最难制作的碎片之一，但也是最容易装袋的。这一切都是因为体积密度——物体的重量与它所占空间的物理关系。

奇多和菲多都是重碎片。它们就像石头一样，所以当它们落入一个袋子时，就会直接掉到合适的位置，没有任何障碍。而薯片的容重和墨西哥脆玉米饼相反。它们更大但更轻，导致在装袋过程中可能出现破损和其他问题。更轻、更大的碎片在下落过程中会漂浮，这就要求操作人员更加细致地工作，确保袋子装满。

顺便说一下，奇多的美妙之处在于它是在"爆裂声"中完成制作的。菲多利公司对某些碎片如奇多，它的加工被称为"挤压"——将玉米粉和水从管子里挤出，就像挤牙膏那样，然后插入一个具有刀片的模具，把它切成微型奇多形状，它在油炸前仍然是生的、糊状的。当它接触到油炸锅里的油时，就会自动发出爆裂声形成原味碎片——无味但酥脆，可以蘸上奶酪酱和调味料。

当我分析公司哪些地方因浪费供应而亏损时，我进行了一项实况调查，寻找最细微的细节。我还不知道，从内到外理解这些问题将会在以后更大的工作层面上派上用场。例如，通过自学，了解奇多和托斯蒂多滋是如何形成的，我可以计算出每个班次需要多少材料可以实现最佳生产，以及会浪费多少材料——玉米、油、调味料，等等。

朱利叶斯看了看我的笔记和我为如何解决浪费行为问题而创建的检查清单，笑了笑。然后，就好像我是看比赛的球童，他告诉我我实际应该做的事走到本垒板前挥杆击球，他把笔记还给我，说："你还在等什么？"

他的意思是，现在由我来决定，以大家都熟知的清洁工身份去联系上级领导，向他们传达我为公司拟定的预防浪费的创新方法。朱利叶斯知道我会面临什么样的种族歧视和抵抗。作为一个非裔美国人，他克服了同样的障碍，甚至更糟糕的东西，他知道会有一些人不想听我把话说完。是的，他本可以作为中间人介入，但他绝不会冒被人认为用我的创意将功劳据为己有的风险。作为一个领导者，他有那种正直。早在我明白这就是我为自己创造的机会之前，他就知晓了一切，这个机会可以让我爬到我一直在攀登的那些更高的岩石上。

每当有人问我如何想出一个热门想法并立即付诸行动时，我都会迅速指出，最有利可寻或最有影响力的想法往往是为了解决紧迫的问题而产生的。从车轮的发明到第一个灯泡的电线，几乎每一次迈向未来的技术飞跃，都始于我们现在不能没有的未来。这种时候会这样产生，比如有人挠头说："嗯，有些东西并没发挥它真正的价值。我们应该做些什么？"

如果你问大多数领导者、有远见的人、创造者和企业家他们产生最热门的想法的秘密，他们会告诉你，他们正在寻找一种更新和更好的方法来解决现有的问题或填补市场上的重大空白。

你关心的问题在别人看来可能是紧迫的。但是，女士们，先生们，一旦你们成功地将问题描述出来并展示出你们认为必不可少的解决方案，你们就拥有了一个热门的想法。

不过，现在我遇到了一个新问题。我要怎么和上级沟通呢？我怎样才能足够快地利用最新信息呢？菲多利公司的理念是不断实施先进的创新方法。如果有人发现我正在开发的解决方案可能会得到总部的认可，他们可能会立即出现并为此邀功。这是一个问题。我担心的另一个问题是，如果我不马上全力以赴，这个项目可能会让我感到心有余而力不足，因为它的格局足够大；我也有没有安全感的问题，因为我无法令人满意地传达这个问题。

所以我知道时间至关重要。尽管如此，我还是不得不仔细思考我经常被问到的问题：我们如何找到合适的机会，在合适的时间把自己（或我们）的想法展现在合适的人面前。

答案在某种程度上取决于理解机遇的真正含义。

像许多经过很长一段时间才正式进入英语的单词一样，"机会"（opportunity）这个词也是其他语言的单词的混合词。"opportunitas"这个拉丁词由另外两个词组成："ob"，意为"向"，和"portus"，意为"港口"。在航海领域，水手们用"ob portus"这个短语来描述向港口航行时的风、水流和潮汐的最佳组合。对水手来说，仅仅知道天气状况是不够的。如果不能通过转向明确的目标来创造机会，这些就毫无意义。

过去，远洋船只必须等到涨潮才能靠近海岸。须知返回港口（或出海）的正确时间，需要船长敏锐地观察风、水流和潮汐。如果他没能在正确的时间操纵这艘船，就会错过返回港口的机会。

一个热门的想法——一个能解决问题或吸引观众的想法——可以通过抓住一个可能不会再来的机会而变得更加热门。例如，我并不知道百事公司已经在寻找更环保和减少浪费的方法。我找到了一个解决方案。如果我不抓紧采取行动，别人也会很快这么做。机会不会从天而降。我们创造自己的机会，就像我们驾驶自己的船只一样。

事实上，这就是我能做到的。但首先我得学会如何使用电脑。

20世纪80年代中期，菲多利公司迅速实现了办公室技术的现代化改造，大多数中层管理人员开始使用台式电脑。对于其他可能需要运行报告或发送备忘录的人，也有几台额外的电脑可以访问。

下班后或者休息时间，我会坐在电脑前盯着屏幕，尝试学会使用。经理们路过时会多看一眼，想知道为什么清洁工占用了公司屈指可数的备用电脑之一。"上班时间不要到这儿来，"他们都会这么说，并补充道，"我们花钱不是让你学电脑的"，或者"拿工资做你该做的事。"

一天晚上，当我拿着字典坐在那里，尝试打印我的信件和报告时，为数不多的女经理之一吉娜从旁边经过，她看到我在使用电脑。

"我下班了。"她还没来得及开口，我就说。

吉娜并不担心。当我向她解释这是一封信和一份报告，我想交给工厂经理或总部的某个人时，她对此印象深刻。晚上离开前，她说："理查德，你知道，你不需要字典。"

"好吧，我不擅长拼写。"我承认。要是她知道我的"阅读障碍"就不会这么说了！

吉娜笑了，然后告诉我关于拼写检查的功能。在那之后，她继续向我展示文字处理的基础知识。当她看到我对这份报告是多么雄心勃勃时，她开始为我的成功充满信心。在接下来的几天里，吉娜成功地教会了我她所知道的关于电脑的所有知识——如何创建图形、图表和疯狂的彩色图形。我的报告突然看起来像是由专业人士编写的。

有时，我回想起那一刻，会想，如果某个脾气暴躁、更挑剔的老板碰巧路过，会发生什么事。吉娜在正确的时间出现在正确的地方给我上了一课，让我相信有些人会进入你的生活，帮助你完成你注定要做的事情。

然而，下一步就要由我来决定了。

在当时的指挥和控制系统中，越过你的直接上司会被视为不服从命令。我会被解雇吗？可能不会。但我可能会被降职，被憎恨，被排斥。我预防浪费的检查清单确实加重了操作人员和管理人员的工作任务。到那时，我的工资会变成差不多每小时9美元，但仍然不足以维持生计。那么，为了给公司省钱，冒着威胁我未来生计的风险，值得吗？

为什么要考虑那么多呢？我的目标是找出问题并提供解决方案。于是我决定悄悄地去见工厂经理，并把报告交给他。

直到今天，我都不知道他收到报告最初的反应是什么。我只知道他没有直接把报告扔掉。毕竟，我是清洁工。如果它被扔进垃圾桶，我会知道的！

不久之后，所有的员工都收到通知，库卡蒙加牧场的工厂将采取一系列新的措施，旨在预防整个工厂的浪费。很快，同样的做法被运用于菲多利公司国内和国外的所有工厂。我们工厂的经理称赞我，认为这些想法是有价值的——为什么不把它们呈报给我们公司的高层主管呢？

菲多利公司当时的副总裁是阿尔·凯里，他很有远见，也很有魅力，这对我遏制浪费的计划来说，是一个极好的、占据优势的条件。事实证明，凯里已经是创新实践的领军人，这将有助于菲多利公司提高环保意识。预防浪费和乱扔垃圾，回收可重复使用的材料，节约资金，成为全行业的领导者——这些都是他已经关注的问题。很显然，时机对我的提议产生了影响。

这些变革几乎立竿见影。在接下来的几年里，这些新措施将为公司节省数百万美元。在被评为本月最佳员工后，我得到了小幅加薪。我没有得到一场纸带游行[①]或一次重大晋升，但这并没有让我感到过多的困扰。即使没人提及，有时候一个好主意的回报就是你会知道自己的能力。你只是在为更大的目标做准备。

不出所料，一些经理对我的越级行为感到不满。当时没有墨西哥裔美国人任职经理，一些经理的评论带有隐约的种族主义色彩，比如："我们感谢你的努力，蒙塔内兹，但你应该把这样的项目留给大学毕业生。"然后是对这条评论的回应，他对我面前的其他人说："这家伙以为自己是副总裁，可是他甚至不知道如何正确地讲话。"几位经理问我是否借鉴了其他人的想法。一位经理称赞了我的工作，但随后补充说我不是"懒惰的那种

---

① 纸带游行（ticker-tape parade）指纽约商业区，特别是曼哈顿华尔街区，在遇到有游行发生时，从街边的大楼里面向外抛洒股票自动报价机打出的纸带起哄的传统。它给华尔街增添了繁华、热闹的景象。——译者注

人",这很好。不幸的是,那些关于我是文盲、没受过教育、懒惰和小偷的陈词滥调层出不穷。

一些经理和同事为我感到骄傲,并对我改进的指导方针表示赞赏。许多人甚至不知道这些变化是来自我的建议。

我的报告在公司引起轩然大波后大约一年,发生了一件有趣的事,这件事给了我一个教训,我后来一直用这个教训来解释机遇是如何降临在我们身上的。我们都被告知成功取决于"你认识谁"。我学到的是,重要的不是你认识谁而是谁认识你。凯里从未见过我,我们也从未有过任何书面交流,这很正常,但他通过我关于浪费的报告知道了我的存在。一天,在工厂里,每个人都在议论他即将来到库卡蒙加牧场的这件事——对于一位副总裁来说,这是前所未有的。

而这次要来的人正是一名高管——凯里,他非常希望能与尽可能多的员工见面并认识他们。董事和经理将与他共进午餐,但没有计划让任何一线员工与他见面。

巧的是,他来的那天,我就在附近,他在高层管理人员的簇拥下走进了正门,正准备开始正式参观我们的工厂。在参观的过程中似乎出现了停顿——虽然这是一个自我介绍的机会。我想这是一种亵渎行为,违反了公司指挥和控制的所有规则。

但我身上的贫民区特征显现出来了。我年轻的时候见过成年人拿着刀互相厮杀，所以现在的情况对我来说很平常。

我走过去的时候，几位经理的脸都绿了。

"凯里先生，"我伸出一只手，开口称呼道，"我们没有见过面。我是理查德·蒙塔内兹，公共事业部门的一员……"我还没说完，他就用力握了握我的手。

"当然！很高兴见到你本人，理查德。"他向我祝贺这个项目的成功。

当我提到我一直在研究其他的项目时，他递给我一张名片，上面有他的个人电话号码，他让我保证无论何时我有任何想法都会给他打电话。

我确实会这么做的——没过多久我就有了下一个真正的创新想法。

在创业的世界里，对许多一直追踪创业者和突破以及创新者的专家来说，传统的看法是，你可能只有一两个伟大的想法。我不同意。我相信我们每个人都有潜力成为想法的源泉。不管它们能否给我们带来重大突破，或是带领我们走向成功，这些都不重要，我们是否能成为自己船只的船长都取决于我们的专业知识和我们自己的选择。

当老板心态与密切关注公司运作方式（数周、数月甚至数年）所获得的知识能力相结合时，你的信心就会爆发。你创造机会和利用时机的能力始终取决于你如何将耐心作为一种资产置于你的旅途，但也取决于你如何学会在出现一个热门的、及时的或有需求的想法时迅速行动。

如果你还没有这种信心怎么办？如果你不确定你能想出一些新的或相关的创意怎么办？这些都是我经常听到的问题。我们中很多人都有这种感觉。正如我们所看到的，补救办法是改变我们的思维模式，像高管一样思考和行事，改善创造新想法和机会的条件。试试下面这些策略：

1. 成为问题的解决者。花一两天时间评估一下你目前的工作，问问自己希望如何改进。例如，注意到某些职责是重复的。有没有什么方法可以简化这些工作？许多企业现在花费了太多的时间和资源，让员工做同样的工作，甚至是重复的工作——如打印或邮寄表格，而不是用电子的方式轻松发送。如果你发现你所在的行业还有改进的空间，你有什么想法来解决那些对你有意义的问题？然后开始设想环境将如何随着这些变化而改善。思维的转变在于，你开始看到自己贡献的价值，而不是感觉自己只是车轮上的一个齿轮。

2. 逐条列出你之前的想法。当我们还是孩子的时候，我们中许多人对长大后想成为什么样的人和想做什么样的事都有激动人心的想法。我们的想象力还没有被冷酷的现实限制。当你回到过去，回想起你雄心勃勃的、有趣的想法时，你就会成为一个机会主义者——这从来都不是一件坏事。这些可能是你十几岁时靠副业赚了很多钱，或者是你为学校的一个项目想出了一个有创意的概念，又或者是你重新装饰和改造了你的生活空间。你可能会有一个疯狂的想法，但却因为时机不对而无法实现，或者你不知道如何去推销它。但这证明你在正确的轨道上，下一次，你会有一个更热门的想法。

3. 把柠檬做成柠檬蛋白酥皮派。请注意我没有说柠檬水[①]！我的意思是，最成功的想法往往是那些在你饥肠辘辘的时候突然想到的新奇的想法。在菲多利公司，一台将普通碎片切成更小碎片的机器一旦坏了，产品就会立刻被销毁。当我看到其中一个碎片时，我想到了一个主意——大碎片更适合蘸酱。所以

[①] 如果生活给你柠檬，就把它们做成柠檬水（When life gives you lemons, make lemonade）：美国谚语。字面意思是：当生命给你又酸又苦的柠檬时，可以把它做成又甜又好喝的柠檬汁。寓意是：人生总会遇到不如意的事，但我们若能正向解读、逆向思考、尽点心力，就能让它成为成长的助益，乃至好事。——译者注

我把一个大碎片装在袋子里，寄到总部寄给了我们公司的创始人，还把一个样品寄给了母公司的首席执行官。他们很感兴趣，就把我的样品寄给了研发团队，研发团队接手并尝试重新研发，打算重新制作这个"错误"的碎片，并将其转化为一款大受欢迎的新产品。真让人大开眼界！教训是，如果你将错误和失败视为学习的机会，或者让它们揭示出下一次避免错误的更好方法，你就为成为一个有想法的人创造了机会。

4. 欣然接受你的目标。你今天的成就也许不是你明天或下周想要达到的目标，但如果你挑战自己去发现你所到达的目标，你会更倾向于看到机会的种子正在你所学的知识中萌芽。你可能没有这样一位首席执行官或上级——鼓励所有员工发展和贡献想法以提高公司收益净额的首席执行官或高级管理人员。尽管如此，我们确实生活在一个"我们同在一条船上"的时代，下一个伟大的想法可能是一个拯救生命的想法，或者这个想法可能会使那些担任重要职位的工作人员或在抗击大流行病前线的工作人员更轻松地工作。你可能不是一个能研制出治疗方法或疫苗的医生，但即使在充满挑战的时期，也有机会寻找为他人服务的想法。

我强烈推荐另外两种方法来提高你构建创意的技能。它们来自我的经历，这些经历帮助我找到安全感，创造机会，并在过程中让我获得乐趣：一是创建一个可以收集建议和想法的团队；二是从小事做起。重要的是，你邀请加入"头脑风暴圈"的人必须是你信任的人，比如你的家人和同事；提前知道如果你的努力得到了有价值的回报，每个人都会分享这个机会，这很有帮助。让每个人都能安全地提出一些可能没有任何价值的想法，但至少当某些想法听起来有趣时，你能得到反馈。我的家人就是我的"头脑风暴聚会"，我们常常在副业或产品发明和改进方面尝试不同的想法。我会让全家人聚在一起，给每人发10颗M&M巧克力豆，我们每个人都会得到一个纸杯，用于开发新想法。规则是，如果你有个好主意，你会再得到一块M&M巧克力豆。如果你对某人的想法过于消极，那么你就得把一块M&M巧克力豆放回去。如果我说，"好吧，我要制作一个没有底座的杯子。"其中一个孩子说，"这是个坏主意！"他就不得不放弃M&M巧克力豆。如果其中一个孩子提议在杯子里安装空调，我会点头说："这是原创。"然后那个孩子就会得到一颗M&M巧克力豆。这种玩耍既安全又有趣，也能享受美味。

当你决定将一个想法付诸行动时，从小处着手会对你很有帮助，因为你正在练习将想法付诸行动的必要步骤。这些步骤越小越好。也许你看到一件产品或一篇文章，老板对它可能会感兴趣，或者一个将来会认同你的想法的人对它可能会感兴趣——把这件产品或这篇文章发给他们。你将因敏锐地观察新闻和市场趋势而赢得声誉。此外，你还会获得经验和自信，这些都是你在做更大事情时所需要的。

当你认为你真的得到了一些好想法，你认为是时候要快速把想法化为行动时，会发生什么？

这里有3个主要的考虑因素，你可以用它们来测试自己的想法是否热门，时机是否合适，或者你是否需要重新开始。让我们来看看这3种考虑因素，以及在一些不同的行业中，想法是如何获得支持的。首先，问一些问题来衡量你的想法的热度：

1. 会有其他人想要窃取这个想法吗？以在重症监护室照顾中风患者的护士为例，她创作了一套绘画，这套绘画成为了交流图板。例如，病人可以指出他们身体上的疼痛点，或者指出他们感觉疼痛程度的图片。这是一个非常重要的主意！它可能被窃取！她回到家，开发了一个原型，然后用自己的钱生产出了图板，并把它们卖给了医院的老板。

2. 是否有机会在短期内提高产品的吸引力？一个鞋店的店员总是听到青少年顾客的抱怨，青少年顾客说保持他们的运动鞋看起来干净有多么困难，所以当店员听说当地一家小公司有一种神奇的喷雾可以清洁和保护各种材料时，他在自己的运动鞋上测试了这种溶液，发现它像魔法一样把鞋洗干净了。他和那家小公司达成了一项协议，他们开始在他认为是副业的交易中合作。当经济不景气，孩子们被告知只能买 1 双运动鞋而不是 3 双的时候，他抓住机会销售一种产品，这种产品可以让那双运动鞋一直看起来都是新的。他开始在跳蚤市场的交换会上出售这种产品，就在他的想法可能被窃取的时候，他听说有一家公司销售一系列清洁和保护产品，于是他把自己的生意卖给了这家经销商——给他自己和发明这种解决方案的公司的老板们带来了巨大的利润。

3. 你是否能够快速且廉价地创造一个演示或原型？在新冠肺炎疫情导致很多企业倒闭之前，一家大型金融机构的办公室经理一直在纂写虚拟会议的提案。一旦公司停工，她就能修改自己的建议，并连接到一个视频会议平台，这有助于她向老板展示自己的想法，老板明智地支持了她的想法，因此，情况依然在管理层的掌控中，没有员工消极怠工或旷工。

能够及时地将想法付诸行动是一项重要的能力。另一个建议是：把不太热门的想法当成是热门的想法，尝试发展它们。你只是在热身和练习你的创意开发技能。我的情况就是这样。不知不觉中，从小想法开始，我已经为那些我一直期待和祈祷的更大的想法铺平了道路。

当你有了一个引人注目的产品、概念或创新方法时，你无需征得许可就可以采取行动——只要马上执行就行了。不要因为障碍或批评而气馁。大门将会打开。正确的人会指引你走向你的命运。

顺便说一句，当对一个热门想法付诸行动失败时，失败的并不是你。这是来自宇宙的信号，表明你已经学会了按照自己的想法行事。所以要坚持下去。我试过的很多想法都没有成功。我为杜绝浪费而创建的项目并没有让我致富，但它为我赢得了足够的尊重，以至于当我的老板们考虑为不同的设备开发新的培训手册时，他们让我带头开展工作。你能相信吗？然后他们让我培训一线工人和操作人员使用新的程序、设备和规程。我还是那个清洁工，做了一些不在我职责范围内的事情。我为写第一份报告而尽力掌握电脑的努力也得到了很多回报。及时地提出想法给了我信心和信念，我相信我正在向一个重大发现靠拢。我得到的启发是,一旦我发现更大、更热门的正确想法,我还可以做更多。

推广你的发现还有另一个重要的关键点,这是一个我希望有人能早点告诉我的要点。这是下一章的内容。

5 不要怕自己看起来很荒谬

你知道吗？世界上最著名的领导人、企业家、创新者和发明家在取得成功之前必须先鼓起勇气让自己显得荒谬。

这是成就伟大事业途中不为人知的秘密之一。国内的顶级企业管理硕士课程都没有提到它，至少据我所知，在多数课程中此秘密并没有被提及。尽管如此，我向你保证，伟大往往以荒谬的形式出现。虽然我在很早就了解了这一点，但我花了很久才意识到如何驾驭荒谬的能量。

进入三年级的第一天，我得知午餐时间的座位安排发生了变化。以前，我和我的棕色皮肤朋友们坐在一起吃午饭，与其他学生保持距离。而现在，我没有和我的棕色皮肤朋友们坐在一起，而是不得不在其他桌子上寻找我可以挤进去的地方。这感觉就像是一部恐怖电影的开头，我突然意识到我即将陷入被嘲笑的境地，这甚至比身处冷兵器战争中还要糟糕。

环顾四周，所有白人孩子整齐地打开他们的午餐，我发誓他们每个人的午餐都一样——夹着博洛尼亚香肠的三明治和纸杯蛋糕。我脸上的恐慌一定引起了所有人的注意。虽然还没有从包里拿出我的午餐，但我知道它绝对不会是一个夹着博洛尼亚香肠的三明治。

在噩梦般的场景中，时间仿佛静止了。在我看来，每张饭桌上的每个人都用慢动作转过头来，盯着我拿出午餐。他们的表情告诉我，这显然是他们见过的最荒谬、最陌生的景象。是的，对那些可能已经猜到的人来说，你是对的——我的午餐是墨西哥卷饼。

就像一个飞碟刚刚从外太空把一个外星人扔进我的午餐袋里，看到我的墨西哥卷饼时，其他三年级的学生都指着我哈哈大笑起来。然后他们把注意力拉回到他们的夹着博洛尼亚香肠的三明治。我感觉受到了侮辱。虽然我很饿，但我觉得自己像一个笑话，这顿午餐对我来说太难为情了。我垂头丧气，漫不经心地把墨西哥卷饼放回我的午餐袋里。即使我的肚子在呻吟，也没有再次被嘲笑那么恐怖。

5 不要怕自己看起来很荒谬

事后看来，我能理解 20 世纪 60 年代，几乎没有塔可贝尔公司①和德尔塔克②或流行的墨西哥餐馆，周围有的只是一些独立的小贩。从历史上看，事实证明，将墨西哥卷饼引入美国的并不是街头的小摊——而是母亲和我！

那天回到家，我把这件令人尴尬的事告诉了母亲，并把墨西哥卷饼递给了她。"明天，"我恳求道，"像其他孩子一样给我打包一个夹着博洛尼亚香肠的三明治和一个纸杯蛋糕吧！"

"不，宝贝，"母亲拒绝了我的请求，手里还拿着我没吃的午餐，"这才是最真实的你。"

我无奈地回头看了她一眼。

"你知道吗，"她说，"我有一个更好的主意。"

我母亲是营销天才，第二天她把我的午餐递给我——这次午餐袋里不是一个而是两个墨西哥卷饼。她解释说："一个是给

---

① 塔可贝尔公司（Taco Bell）是全球大型墨西哥风味快餐餐厅。从早餐到夜宵，塔可贝尔公司为消费者提供现点现做的塔可和墨西哥玉米卷饼等美食。塔可贝尔及其授权的 350 多家特许经营机构，在美国有 7000 多家餐厅。2016 年，塔可贝尔正式来到中国，在上海开设了第一家门店，为中国的消费者研发了菜单，并持续创新。——译者注
② 德尔塔克（Del Tacos）主要经营餐厅和出售餐厅的特许权。该公司提供新鲜和快速定做的美食，包括墨西哥风味和美式经典菜肴。该公司在约 20 个州运营"德尔塔克"餐厅，包括至少 1 家在关岛的特许经营餐厅。该公司拥有约 300 家自营餐厅和超过 250 家特许经营的餐厅。——译者注

你的卷饼，另一个可以送给朋友。"

尽管我低声嘀咕着"这太荒谬了"之类的话，但我不得不按照妈妈的意愿去尝试。

那个星期四，我别无选择，只能克服自己看起来很愚蠢的恐惧，找到一个想尝试墨西哥卷饼的朋友。令我惊讶的是，这很容易！谁能想到孩子们早已厌倦了日复一日吃同样的午餐？

接下来，一切都变了，我成了一名年轻的企业家。从星期三吃了一个可笑的墨西哥卷饼，到星期四我母亲给我准备了两个墨西哥卷饼，再到周五，我开始带着两袋墨西哥卷饼来到学校，售价25美分一个。并且售罄！曾经荒谬的东西变成了美味。我正在经营我的生意。或者应该说，我在经营母亲和我的生意。

这是我们已经提过的知识。饥饿可能是恐惧的解药，而其他孩子渴望品尝新的和不同的东西可能会带来奖励。我所需要承受的只是看起来可笑的短暂的刺痛。

刚刚发生了什么？是的，在八岁的时候，我得到了我的第一个启示，这引发了一场革命。我揭示的真相是，顺应潮流的重要性被高估了。尽管你很想融入主流系统，但你必须意识到你太"弗拉明辣"了，你不能甘于平庸，不能顺应潮流。你的出生从不代表安稳度日，你生来就是为了闪耀，为了脱颖而出。

5 不要怕自己看起来很荒谬

当然，很多职场人士并不理解让员工或高管提出荒谬的产品或营销理念的价值。这是不幸的，因为从创新中获利的公司应该致力于创造一种环境，让员工在跳出思维定势时感到安全，虽然这听起来很荒谬。想想当开发人员有勇气提出可笑、荒唐或愚蠢的不切实际的想法时，出现了很多创业型企业，并且这些企业成功了。世界上没有人需要宠物石[①]，但有人提出了这个概念，于是玩具行业决定支持它，这种时尚产品竟使企业获利数百万美元。脸书的创始人并不打算与"我的空间"[②]竞争，他们只是想在他们的大学创建一个社交网络来约会，以此来证明你最好善待那些敢于做出荒唐事的书呆子。史蒂夫·乔布斯曾呼吁世界上的科技极客"保持愚蠢"。

你可能想知道除了已经讨论过的思维定势转变和策略之外，你还可以做些什么，或者你可能会想，为什么当我尝试采取行

[①] 宠物石（Pet Rock）是一种可收藏的玩具，由广告主管加里·达尔于1975年制造。宠物石是来自墨西哥罗萨里托海滩的光滑石头。它们像活宠物一样在市场上销售，装在定制的纸板箱里，配有稻草和呼吸孔。这一潮流持续了大约六个月，在1975年12月圣诞节期间销量短暂增长后结束。虽然到1976年2月由于销量下降而开始打折，但达尔还是以每只4美元的价格卖出了100多万个宠物石，成为了百万富翁。——译者注

[②] 我的空间（My space）是一个社交网络服务网站，提供人际交互、用户自定的朋友网络、个人文件页面、博客、组群、照片、音乐和视频的分享与存放。——译者注

动来给自己所需的动力时，我总是感到受阻。如果是这样，这可能是时候摆脱对自己看起来很愚蠢的恐惧了。

我们中的许多人都害怕失败，害怕跟别人不一样，害怕不被接受，或者在想出一个"愚蠢"的想法时被告知"不"。对此我的建议是：

- 放轻松。如果你担心有人会嘲笑你，为什么不自嘲一下呢？我过去常常羞于告诉别人我没有受过多少教育，我是自学成才的，但我想说我是你们见过的最聪明的肚子里没有墨水的人。

- 故意失败。把自己从必须时刻保持完美的压力中释放出来。在一个安全的空间里尝试一个想法，也许是在自己决定的时间里，试着去失败。当你克服了对因为做了蠢事而可能发生的所有可怕事情的恐惧时，你通常会发现失败并不是世界上最糟糕的事情。

- 从过去的经验中吸取教训，并学会如何重新振作。回想一下你做过的最尴尬的事。当时的情况到底有多糟糕？很明显你活下来了，并不是多么大不了的事。

- 摆出一副"那又怎样？"的态度。你是否曾经决定不再理会别人对你的看法？你是否曾经在街区里开着车，摇下车窗，播放可笑的老式音乐？当你决定不在乎时，这将是世界上最美妙的感觉。一旦你练习不去在意一些事情，比如你看起来有点老土，你就会慢慢喜欢上自己的行为——我保证。

根据我的经验，没有什么比害怕在别人眼中显得愚蠢更能阻碍你的创造力了。毫无疑问，有些恐惧值得我们注意。但当你想要像老板一样表现自己，并创立任何形式的新企业时，恐惧不会是你的朋友。克服恐惧的两种最佳方法是：首先，让你对更好事物的渴望帮助你克服恐惧；其次，选择在恐惧面前表现出一副傻样子，然后看看会发生什么。

我敢肯定，菲多利公司的很多人都认为，一个清洁工到处找机会学习，在笔记本上记笔记，然后写一篇关于减少浪费的报告，是很可笑的。我打赌他们觉得我很奇怪。当我第一次在我们的小书房的角落里安装了一个绘图板和一张桌子时，我问朱迪："你觉得怎么样？"她很喜欢我们的家庭办公室。家庭办公具有意义。寻找增加家庭收入的方法一点儿也不愚蠢。我在街区认识的大多数人都只能依靠兼职多份工作来维持生计。所以,无论是收集、充电和销售废旧电池,还是挨家挨户地推销朱迪自制的墨西哥薄饼和萨尔萨酱,叫卖辣椒,出售我的园艺服务,翻录混音带——这些我们都试过了。

我说的"我们"是指字面意思。朱迪、我们的两个儿子(后来还有我们的第三个儿子)和我把它变成了一种家庭事业。当然,这些劳动不需要支付报酬。更重要的是,当我开始致力于发展和实践自己的企业家技能时,我知道创建自己的公司需要团队的努力。我的策略也是确保我们一家人在一起度过美好的时光。

我们全力以赴。每当我下班回家,无论是晚上还是夜班以后,也就是深夜,我都不会放松。我会脱下去工厂穿的衣服,换上在善意企业旗下的旧货店买的西装。接下来,我拿起一个二手公文包,里面装满了重要的文件——笔记、图纸、可能进行的项目的想法——然后直接去家庭办公室的角落工作。在你看来,或许这些都还不算太荒谬,但我做过更荒谬的事情。

例如,我大胆地为我们的家族企业想出了一个公司名称。我们还没有获得任何利润,但我相信我们会的。名称并不花哨——考虑到我们的位置和我们的主要关注点,即一家成功的小型企业的研究和开发,我给它取名"库卡蒙加牧场研发中心"。我印刷名片，运用从父亲那里继承的艺术天赋，设计了一个标识，并把它印在我、孩子们和朱迪的 T 恤衫上。除了我们，别人都觉得我是个"疯子"[①]。

我和朱迪会带着孩子们挨家挨户地上门推销，我们都穿着自己公司的 T 恤衫，要么出售，要么接订单。穿着带有公司图标的 T 恤衫的朱迪和男孩们很受欢迎，但我在分发名片的时候会听到一些笑声——这让人有些尴尬，因为收名片的人是我们的邻居。

但谁会在意呢？不然我怎么能脱颖而出呢？此时此刻，我已经说服自己，一个更大、更热门的发现即将到来，我想做好准备迎接它。通过这种方式，在实践了看到未被发现的事物并为自己创造机会的艺术后，我得出了这样的结论：当我的突破性想法实现时，我会意识到它，因为才华——就像成就伟业一样——往往以荒谬的形式出现。

就像大多数改善的尝试一样，你越敢与众不同，就会做得越好。当我知道荒谬是企业家的标志时，我感觉很好。就连企业家（entrepreneur）这个词本身也有点可笑。有一天在跳蚤市

---

① 原文是 loco，西班牙语。——译者注

场的交换会上，我用这个词向一位朋友描述我是谁——抛开我在菲多利公司的工作。

"企……业……什么？"我的朋友问。我解释了一下，他问我这和兜售者有什么不同。他说得有道理。企业家是一个对兜售者的花哨称呼。词源学家追溯到18世纪中叶，当时普鲁士国王写道："如果我们国家碰巧没有大量的草料，你必须找到某些企业家同意提供我们所要求的数量。"在19世纪，企业家还被描述为"一个中间人或从事任何类型活动的人"。最终，当这个词用于指代独立的企业主时，它变成了指代积极进取的人，这种品质也可以在"企业家精神"（entrepreneurial spirit）这个短语中找到。

库卡蒙加牧场的研发中心也遭遇过一些失败。朱迪的萨尔萨酱深受每个尝过的人的欢迎，她的墨西哥薄饼也很受欢迎。但由于生产过剩，销售不足，最后我们必须把没卖出去的东西捐出去，帮助当地饥饿的人们，这样就不会完全浪费掉。没必要为我们的失败感到尴尬——即使我知道人们都在评论说我们有多愚蠢，居然天真地认为可以从那项业务中赚钱。

有时，我确实感到很失落。但后来我去了图书馆，穿着我在善意企业旗下的旧货店买来的西装。我研读了著名企业家的文章，我发现他们的许多想法都是荒谬的、不切实际的。当雷·克罗克获得了特许经营权并从麦当劳兄弟手中买下一家汉堡店时，他的梦想是创建一家全国连锁店，这在当时只是一个可笑的白日梦。他 50 多岁了，身无分文，健康状况不佳，在他的职业生涯中他没有做过任何值得注意的事。但在短短几年时间里，他就卖出了 1 亿个汉堡包。雷·克罗克和他的团队的真正才能在于买下了麦当劳餐厅所在的土地。他建立的企业不仅以食物为基础，而且以土地为基础。

这样的例子数不胜数，各种各样的人在晚年开始做一些事业，然后取得了惊人的成功。他们给了我希望。这倒不是说我 28 岁就老了，而是我有时觉得自己很愚蠢，在年纪那么小时就离开了学校，真像个失败者。这是我对年轻读者、对我的儿子和孙子们传达的重要信息之一——坚持上学，努力学习，接受良好的教育。我的建议让人想起那句格言"照我说的做，而不是模仿我做的事"。或者对我来说，是不要模仿我以前的做法。

今天的事实是，我可以说我没有受过正规教育也可以做得很好，这是支持应该尽可能留在学校认真学习这一事实的另一个论点。如果我只接受了六年级的教育就能取得很多成就，想想看，如果你能充分利用你所得到的每一个教育机会，你会取得多大的成功。在我尝试着去开发一些不寻常的、不同的想法，并将其作为副业的那段日子里，我对14岁离开家后在非传统的"教室"里学习的那些年有了更深的体会，当时我做着各种各样的工作，没有物质享受，逃票坐火车，寻找食物，倾听那些我们很少能接触到的人们对生活的感言，睡觉时没有屋顶，只有满是星星的天空。但我收获了更多价值——我认识了更多人，培养了与社会各层人士交谈的能力，同时也可以自由地做我自己。

我越明白伟大可能以荒谬的形式出现，就越想找到能够证明它的证据。让我感到欣慰的是，菲多利公司的创始人和萨拉托加薯片的发明者都必须克服他们害怕自己看起来很愚蠢的恐惧。查尔斯·埃尔默·杜林想为一家卖糖果的商店提供一种咸玉米点心。这有多蠢？这位发明薯片的厨师这么做只是为了惹恼科尼利厄斯·范德比尔特，却在这个过程中成为一个商业传奇。

最让我着迷的是百事可乐公司首席执行官罗杰·恩里科的事迹。他发布过一段视频，要求每位员工都要像老板一样做事。他的故事中充满了这样的时刻：他摆脱了对看起来可笑的恐惧，敢于果断地采取行动，并一次又一次地获得了回报。

　　罗杰·恩里科是一名大学毕业生，也是一名退伍的海军老兵，他并没有按常规方式去就读常春藤盟校的企业管理硕士专业。罗杰·恩里科在 26 岁的时侯辞去了通用磨坊公司的品牌管理工作，加入了菲多利公司。在任职的 11 年中，他大胆的领导风格使他成为百事公司真正的掌舵人。那时正是可乐大战愈演愈烈的时候。百事可乐陷入了困境，即将遭受灾难性的损失。罗杰·恩里科为促成百事可乐对可口可乐的胜利所做的一切都是战略性的，但从接手"百事可乐新一代"广告活动的每一个细节，到与迈克尔·杰克逊（当时世界上最大牌的流行歌星）签下品牌历史上价格最高的代言合同之一，最开始都被视为离谱甚至荒谬的。罗杰·恩里科听说了一个将口味测试称为"可乐之战"的想法，他抓住了这个机会，将"百事可乐挑战赛"宣传为一个对抗世界重量级可乐冠军——可口可乐的黑马故事。怀疑者担心，如果你要求消费者进行盲品测试，将百事可乐和可口可乐进行比较，结果可能会很糟糕。罗杰·恩里科却认为这不是问题，因为只要能与排名第一的品牌一争高下，百事可乐就可能会焕然一新。

　　可口可乐公司吓坏了，进而开发了失败的产品"新可口可乐"。他们很怕输掉比赛，害怕看起来很可笑，以至于他们没有费心思去问他们的忠实顾客是否对可口可乐的味道不满意。新可口可乐很快就被认为是产品营销中代价最大的错误之一。不久，新可口可乐和经典可口可乐之间出现了裂痕。一些可口可乐的粉丝感到被背叛了。罗杰·恩里科加大了赌注，发布新闻稿称新可口可乐"货到即宣告死亡"。在走上拳击台之前，他就像重量级拳王一样，在味道挑战结束之前，他宣布百事可乐是冠军，他说："在1987年的竞赛中，我们都相互凝视，但对手只是眨了眨眼。"当百事可乐挑战赛结束时，经典可口可乐被评为最美味的可乐，而百事可乐的销量急剧上升，成为全球第二大受欢迎的可乐。罗杰·恩里科随后开始了一项雄心勃勃的全球计划，扩大百事公司的品牌家族（包括饮料、食品、零食和餐饮部门），使百事成为无可匹敌的超级品牌。没有一个品牌能像菲多利那样盈利，菲多利就是皇冠上的明珠。在干脆零食部门出现明显问题之后，罗杰·恩里科向所有员工提出了他的视频呼吁。如果我认为他是在告诉我这个清洁工，说我和其他人一样有可能想出一个能帮助公司的主意，是不是很荒谬？可能。把自己当作发明家参加竞选会让我看起来很可笑吗？肯定。

但是我害怕尝试吗？绝对不。我一直在做功课，也一直在接受训练，以克服害怕自己看起来很傻的恐惧。所以你也能这样做。我知道这并不容易，但让我提供一些建议，帮助你发挥你的荒谬天赋。

几乎每一次，当我决定成为一名企业家时，我都不去理会别人的想法，而是先让自己有梦想。我们中的一些人还记得小时候做白日梦的感觉。然而，我们中的一些人，比如我，为了生存，不得不加速成长，我们没有学会如何梦想。然而，就像我在20多岁有了自己的孩子时学到的那样，随心所欲地梦想各种可能性永远都不晚。试试下面这些练习吧：

- 继续梦想吧。无论你在人生的哪个阶段，回想一下你曾经做过的白日梦：有一天你想成为什么样的人，或者你想做什么。也许是几年前的梦想，也许是上个月的梦想。当我十几岁离开家开始自己养活自己时，我用白日梦想象一个更美好的未来，食物和房租是我的梦想。后来，当我开始工作时，我并不总是喜欢我的工作，所以我梦想成为一名领袖，为我所住的街区提供明智的建议。我梦想着拥有一辆老爷车和一辆加强型的摩托车，有一座大房子和一片土地，在那里我可以种植各种异国情调的植物。这样的白日梦是愚蠢的吗？也许吧。但如果它只出现在我的脑海里，没人会知道的。因为我能在脑海中看到所有这些东西，我开始相信梦想可以成真。所以，做白日梦吧，为自己编写一个伟大的故事。

- 盛装打扮也是成年人该做的事。小时候，我喜欢穿戏服，扮演超级英雄、消防员或文学人物。我认识的许多成年人都喜欢万圣节和其他为特殊场合打扮的机会。当你允许自己的行为和穿着让你感觉很酷很有吸引力时，你的内心就会发生一些变化，即使这些在别人看来可能很愚蠢或不合适。一个工厂工人在家里穿西装打领带可笑吗？没关系，你是在为你的梦想而着装。

- 重写你自己的故事。我喜欢读一些著名企业家的故事，他们并没有一开始就非常成功，但后来他们的决定改写了他们的历史，幸福地翻开人生的新篇章。一个没有过往记录的人会决定他们的下一个篇章将拥有一切——名望、财富、爱情、成就、社会影响等，这是多么荒谬。如果你还没有让自己做如何在故事的下一部分中获胜的白日梦，挑战自己，现在就去做吧。

在这个世界上，如果没有梦想家，我们会在哪里？如果没有梦想，企业家、发明家和创新者将何去何从？让你自己尽情地梦想在重大事件中获胜的感觉吧。那么，如果你对强迫自己去梦想感到不舒服呢？如果一个梦不疯狂，也不会吓到你，那它就不是真正的梦。

最重要的是，当你宣布你已经准备好接受可能导致一场革命的自我启示时，你已经拥有了可以消除你恐惧的东西。和大多数成功的创新者和企业家一样，如果你经历过一系列的失败、失望和障碍，你就处于优势地位。你很可能有过在别人看来很愚蠢的时刻，这时你已经学会了从容应对，或者站起来，掸去灰尘，继续前进。

我打赌你会赢。现在是时候采用一种结合我们目前为止所讨论的大部分内容的策略了。

6 伟大的想法值得冒险

我几乎一直住在离好莱坞不远的地方，距离大概是乘车一个小时的路程。

即便如此，好莱坞对我来说还是像木星或火星一样遥远。不是说我是个乡巴佬。事实上，我是好莱坞产品最饥渴的消费者之一——包括电影、电视，尤其是音乐。你知道吗？虽然我来自贫民区，但我的品味一直不错。

不过，那个世界里——演艺界——的一切对我来说都很遥远。豪宅、豪车、电影明星——这些似乎都不是真实的存在。我在贫民区长大，六年级就辍学了，去和年龄比我大3倍的成年人一起工作，打架，惹麻烦，逃票乘火车，在星空下睡觉，和一些疯狂人物谈论哲学——这一切就像拉丁美洲裔的汤姆·索亚。这个孩子最终和一个好女人安定了下来，生了孩子，找到了一份清洁工的工作，他像老板一样表现自己，并从一个已经演变成全球零食革命的疯狂假设中得到了启示——"假如我在奇多上放辣椒酱会怎样"？

显然，我和好莱坞永远不会有任何共同点，对吧？

不过，谁知道呢。现实往往比小说更离奇。事实证明，好莱坞喜欢讲述难以置信却是真实的故事。所以就像我们之前讨论的那样，提出一个荒谬的问题并没有错：假如有一天我的故事可以拍成电影呢？

根据我最近学到的东西来看，好莱坞的大老板们在构思令人兴奋的新场景时，常常会把"假如"和"将会怎样"这两个简单的词语放在一起。我们讨论过想法的可行性，不管想法有多小，或者可笑得引起他人注意，但它们能解决问题，满足需求。这里有两个方面：创意的构建和想法的推广，我们还没有完全探索过它们：首先，对你的"假如……将会怎样"想法进行个人诠释和你打算如何向决策者展示你的想法；其次，使用"下一步做什么"这个问题来克服障碍，把你的想法变成现实。

如果你给"假如……将会怎样"贴上自己的标签，然后欣然决定将它作为行动的前提，最后你再问自己"下一步做什么",这时,你就会让想法的车轮转动。这是一种检验假定能否在现实中实践的方法,让你思考自己、你的公司或投资者必须做些什么才能让它成为现实。这涉及一种被称为风险的"必须品"。这是决定你成功与否的关键因素。

现在我有机会了解一些娱乐产业的开发过程,我发现,在价值数百万美元的大型项目中,冒险策略与你在工作中或在车库里实施的小改进是一样的。这些事业与食品和饮料行业的研究及开发没有太大区别。从演艺界到制鞋业,所有行业都使用某种形式的"假如……将会怎样;下一步做什么?"——无论在什么场合,无论何时,只要有对创新和创造力的渴望,只要有把理论变成现实的愿望。

让我们更仔细地看看你如何决定哪些伟大的想法值得你付出时间、金钱和声誉的风险。

斯蒂芬·金在他的网站上回答了一个经常被问到的问题:"你的想法是从哪里来的?"

我所有的想法也许可以归结为"看到一种状态",但在很多情况下,想法来自"看到两种状态,并以一些新的有趣的方式将它们结合在一起,然后加上一个问题'假如……将会怎样?'"的这种过程。"假如……将会怎样"永远是关键问题。

想法就像一种化合物。当两个不相关的事物在令人兴奋的碰撞中结合在一起时,就会产生值得冒险的想法。你怎么会知道产生了值得冒险的想法?通常情况下,你会进行一个直觉测试。我听过的几乎每一个伟大的商业成功故事都有这样一个瞬间:一个人把两个显而易见的东西放在一起,接着出现了隐藏的东西,然后问:"假如……将会怎样?"——这个问题是他们重大发现的创造性催化剂。爱因斯坦曾问:"如果我能驾驭一束光呢?"他的"下一步做什么"就是解决这个荒谬问题的天体物理学和力学问题,从而发明出他最著名的质能方程——$E=mc^2$。

众所周知,狭义相对论将空间和时间这两种事物联系在一起,因为这两种事物都适用于直线运动的物体。他还加入了重力元素。方程式表明:能量(E)等于质量(m)乘以光速的平方(c^2)。在科学领域和我们对原子能的理解中,没有比这更具革命性的了。按照他提出的假设,行事的风险因素包括科学测试和直觉测试。爱因斯坦知道他即将颠覆科学世界。

"假如……将会怎样"这种想法的美妙之处在于它是创造力自我激发的火花。就像我们以前说的,它让你跳出框架思考问题。或者完全没有框架。它让你融入自己的风格和感觉——你甚至可以称它们为自己的"品牌"。当你有足够的自由来想出一些想法时，通常它们中的一个热门的想法会突然跳出来，你的名字就在上面。又或者你的"假如……将会怎样"这种想法太过火了，那么你是否能控制它，让它变得更实用？在我参与和促成的头脑风暴会议中，当你想知道这个想法的可行性和风险性有多大时，有两个词语也能发挥作用。它们就是"为什么"和"不"。

每当你陷入思考推进一个想法的风险时，问问自己"为什么不呢"，这就相当于给自己打气，然后回答："可能发生的最坏情况是什么"或者"我会有什么损失"。你已经赋予自己发出"下一步做什么"这个提问的权力，从而跨入未知领域。

我最终学到的这些对我有所帮助的，不为人知的秘密是：那些所谓的权力机构，也就是能支持或者反对你的想法的那些人，他们每天都需要解决自己的问题，他们同样会问自己"假如……将会怎样""下一步做什么"甚至在我想出那个大胆的"假如……将会怎样"这种想法之前，即"假如我在奇多上放辣椒酱会怎样"这个秘密对我同样有过帮助。你的地位越高，你承担的风险就越大，因为你所做的决定会影响到你的全体员工和股东。有时候你得孤注一掷。如果你在这方面很聪明，你就会得到回报。

我从没见过比罗杰·恩里科更擅长"掷骰子"的人。我花了很多年才意识到，当他决定制作一段视频，让公司里的每个人都像老板一样行事时，他是在用自己作为美国最受尊敬的商业首席执行官之一的地位冒险。他在解决问题，而且还反其道而行之，提出了这样一个问题："假如我们中的任何一位员工都能解决销售下滑的问题，将会怎样？"

罗杰·恩里科肯定和我们一样担心生产时间被削减以及由此对像我这样的家庭造成的损失。除了生产下滑，在20世纪80年代后期，对一些人来说，来自最佳经济状态时期的"涓滴效应"[①]并没有帮助到低级别的小时工——比如清洁工——脱贫致富。

如果我们感到绝望，我不得不想象负责管理菲多利公司的人也一定感到绝望。我的预感是，罗杰·恩里科问自己提出了

---

① 涓滴效应，又译作渗漏效应、滴漏效应、滴入论、垂滴说，也称作"涓滴理论"（又译作利益均沾论、渗漏理论、滴漏理论），指在经济发展过程中并不给予贫困阶层、弱势群体或贫困地区特别的优待，而是由优先发展起来的群体或地区通过消费、就业等方式惠及贫困阶层或地区，带动其发展和富裕，或认为政府财政津贴可经过大企业再陆续流入小企业和消费者之手，从而更好地促进经济增长的理论。——译者注

这个问题——假如我们让公司里的每个人（所有30万员工）都站出来将会怎样？他的下一个问题是"下一步做什么"。答案就是以视频的形式向全公司传递一个信息，让每个人都有权利做出改变。

这改变了我的生活。但事实是，我已经在思考了，我希望这些思考能带来启示。要记住的一点是，你不一定总能找到一位首席执行官或老板允许你发挥创造力或者承担风险，但你可以问一些有权势的领导者会问的问题——假如……将会怎样？为什么不呢？下一步做什么？

你能想象一则好莱坞的宣传广告：假如世界上最大的食品和饮料公司之一的一名清洁工和一名有远见的高管合作，让世界各地的每个人都能像老板一样思考和行动，会怎样？

为什么不呢？下一步做什么？

此时时机刚刚好。到现在为止，我已经养成了为自己寻找机会的习惯，同时像老板一样行事，像高管一样思考，然而，我仍然缺少的是一个重大发现，一个影响深远的发现，它可能会为我们所有人带来更多的工作机遇。这个启示很快就会出现。它就在我身边盘旋，就在附近，如果我闭上眼睛，我几乎能触摸到和品尝到。每当我祈祷时，我就会平静下来，感到一种安慰，这种安慰告诉我总有一天一切都会好起来的。

后来，在我 29 岁生日前不久的一个晚上，我和朱迪在电视上看了一部吉米·斯图尔特主演的老电影——1954 年 2 月上映的《格伦·米勒的故事》，这部电影有着真实故事改编的印记——从他早期努力寻找成功的音乐家，到他如何与他那个时代一个很受欢迎的大乐队一起扭转乾坤。

这部电影很适合我作为一个企业家收集成功故事的项目。我还看过一些讲述成功故事的书籍，如奥格·曼狄诺的《世界上最伟大的推销员》，以及后来保罗·科埃略的《炼金术士》。我还从电影里的英雄那里学到了如何克服困难。一开始，饰演格伦·米勒的吉米·斯图尔特似乎没能抓住机会，不管他多么才华横溢。他歌写得很好，他的乐队里有著名的音乐家，他的歌听起来足以和那些最受欢迎的大乐队的歌相媲美。但这就是问题所在。他没有自己的声音——他的"标志"。

当你听到艾瑞莎·弗兰克林唱出两个音符时，你就知道这是她的歌喉。当你听到卡洛斯·桑塔纳的吉他即兴演奏时，你就知道那只能是他的声音，不会是别人的。在电影中，格伦·米勒不知道如何才能获得自己的声音。后来有一天晚上，他安排了一场演出，他乐队里的小号演奏家弄伤了嘴唇，不能出演了。格伦被困住了。他必须像老板一样表现自己，因为他是乐队的领队。其他的音乐家都指望他。绝望之下，他拿起一种他精通但通常不会用到的乐器，问道："假如我演奏长号呢？"

这时他找到了自己的声音，当然，他努力想要实现的一切终于都实现了。他成为了他那个时代世界上最成功的唱片艺术家之一。

看完这部电影，那天晚上我几乎睡不着。早上，我告诉朱迪，我成功所需要的一切都在我力所能及的范围内——唯一缺少的就是我的声音。我完全相信，我不是要融入主流，而是要脱颖而出。我相信，与其站在别人安排的队伍里，不如打破队列，去我想去的队伍。但是，怎么样才能让我的想法忠于自己的个性、价值观和精神，同时还切合实际呢？

朱迪的建议是不要总在同一个地方寻找："你不是经常这么对我说吗？"

是的，我常这么说，如果你选择改变你的观点，你会以不同的方式看待事情。

在接下来的几天里，当我思考我从格伦·米勒那里得到的新见解时，我开始反思食物、家庭和文化的各个方面，这些方面让我感觉像在家里一样，并给了我快乐。我的直觉告诉我，为了找到这个重大的发现，找到自己的声音，找到自己的标签，我首先应该弄明白我是谁。

第二天早上，当朱利叶斯打电话让我看总部发来的视频时，我就在想这个问题。几天后，当我离开了平时的销售路线时，我还在想这个问题。我"弗拉明辣"的想法始于一个"假如"我用我们文化中的调料做点什么……把它们放在碎片上将会怎样？当然！那将是我的声音，我的标签！如果菲多利是我的公司，我为什么要提供其他口味，而不是继续只提供我从小就喜欢的口味呢？一个星期后，当我看到荷西在卖带有各种配料的玉米棒时，我对我的假设进行了改进，因为他的玉米棒看起来真像奇多。这就是我如何凭着一个伟大的假设表达自己的想法——"假如我在奇多上放辣椒酱会怎样？"

为什么不呢？下一步做什么？在得到授权的前提下，我的家庭团队——我的妻子朱迪、我儿子拉奇、史蒂文和小迈克开始工作。很快，库卡蒙加牧场研发中心就制作出了一个原型，准备向决策者们展示这个想法。

现在，我已经找到了自己的声音和标签，我会把以我的家乡文化为背景的调料带给那些与我有着相同文化的人和那些与我不同文化的人，我觉得自己有足够的勇气去打电话给罗杰·恩里科。

领导者赋予追随者权力这一点不像以前那么有争议了。在大多数公司遵循的旧命令和控制结构中,授权给低级别员工被认为是有风险的。等级制度就像军队一样。军官下命令,下级服从。没有回旋的余地。

但命令和控制永远不会利于创造力和想象力。这是有原因的。可是在运行机器的过程中,那些想要发挥创造力的工人如果不遵守规则,可能会带来各种各样的危险。然而,当我为公司做节省开支的项目时,经理们会咆哮说:"我们付钱给你不是让你学习怎么使用计算机。拿工资做你该做的事。"

罗杰·恩里科决定颠覆命令和控制系统,让每个员工都能独立思考和行动。这是一种冒险。让我们来看看"授权"(empower)这个单词的含义和词源:

定义:让某人对自己的生活有更多的控制权或更大的权力去做某事。

来源和用法:"授权"(empower)这个单词来自古法语前缀 en-,意思是"在,进入",和词根 power,源于 14 世纪早期,意思是"能力,力量,威力"。尽管"授权"这个单词在过去的文学作品中也被使用过,但它的现代用法大约要追溯到

1986年。

正如你所看到的，直到20世纪90年代初，也就是第一批弗拉明辣奇多从我们的厨房实验室诞生的那个年代，"授权"这个单词的现代用法才开始。罗杰·恩里科的行为也在这个单词的现代用法形成中发挥了重要作用，值得被高度赞扬。

时间越长，我就越感激我在早期的小型"假如……将会怎样"项目中所经历的挑战和挫折。过去，我一直天真地认为，每个人都会为能帮助我们所有人的好主意而欢呼。而这一次，我终于明白事实并非如此。但我震惊于我差点就被阻止给菲多利公司总部打那个重要的电话。

我没有告诉任何经理，除了两个例外。管理层了解我，并在此之前警告过我，作为一名小时工，在上班时间不应该做任何额外的工作。显然，我像老板一样行事的想法，对他们的命令和控制层构成了威胁。而更大的威胁是我比他们更了解工厂的整个运作流程。

我的直觉告诉我，经理们的反应不是我的问题。也许这是一种风险，因为我之前没与他们商量就越过了界限，而这件事带来了麻烦。虽然我在其他方面很天真，包括我不知道我不应该拿起电话打给总部，但我至少知道我不应该告诉经理们关于辣奇多的事。

后来，当我被迫告诉他们时，经理们不出所料地大吃一惊。他们失去了理智。"你知道你在干什么吗？这简直就是亵渎，你想在奇多上放辣椒酱吗？你为什么要那么做？你会毁了这个品牌的。你是认真的吗？"

他们不是真正有远见的人。大多数有远见的人都比别人超前5—10年。出于本能，我还想要来一场老式的战斗，但那已经不是我的风格了。我必须记住我不是那个有问题的人。从那时起，我决心以这样的信念生活：永远不要为了让别人感觉良好而贬低自己。

我选择向两位经理倾诉。朱利叶斯从一开始就知道整个事情是怎么回事。他是一个有远见的人，他预测，即使需要一段时间才能获得批准，这种辛辣的奇多也将有助于拯救菲多利公司。还有另一位经理也对我很有信心，他提醒我说，我会打破现状，但我的作品正是公司所需要的。作为培养未来高管的领导团队的一员，他不自称是我的指导者，但他支持我。他是第一个提醒我的人，我被视为一个威胁，一些经理会寻找任何机会解雇我。我们过去常私下进行谈话。他给了我最具战略性的指导。如果我有什么新想法，他会说，"我们出去聊聊吧。"然后他会把事情详细地解释给我听。

在这两周的时间里,弗拉明辣奇多被孕育、开发然后诞生,在任何人都不知道之前,这位支持我的经理把我拉到外面说,"理查德,你让每个人都很紧张,他们都盯着你,所以要小心。他们在找机会抓你的把柄。他们在观察你的时间表。确保午餐时间不要过长。确保你没有迟到。不要在该离开的时间逗留。"

我感谢他以自己的职业生涯为赌注告诉我这些。

上帝向我发出了这个信息,一定是在照顾我。这个人知道我被赋予了权力,但作为一个信使,他必须确保我能保护好自己。就像我之前说过的,房间里总有人准备偷走属于你的成功。

所有这些都表明我决定给罗杰·恩里科打电话是非常冒险的。

在和朱迪讨论到深夜后,我没怎么睡,第二天清早就醒了。接着我突然想起了阿尔·凯里,他给过我他的名片,告诉我可以随时给他打电话。在"假如……将会怎样,为什么不呢,下一步做什么"的时刻,我拿起家里的电话,拨通了名片上的号码。

"理查德,很高兴听到你的声音,"阿尔·凯里马上说,带着我们见面时的那种热情。

我告诉他我要做什么，然后宣布："我要叫它们'弗拉明辣奇多'。"

"听起来不错！"阿尔·凯里兴奋地说。"我能帮你什么？"当我提到罗杰·恩里科之前做的那个视频时，他说，是的，他们正在寻找像我这样提出创意的人。

"你认为我应该直接给恩里科先生打电话吗？"

阿尔·凯里停顿了一下，然后说："为什么不呢？你为什么不把你的产品告诉罗杰呢？你可以告诉他是我让你打给他的。你可以提我的名字。"

当我放下话筒时，我更有力量了。我要做的就是我自己。如果首席执行官不感兴趣，那是他的损失，我应该尝试另一种方法。

下班后，我来到当时的商业、会计和秘书办公室。那时候还没有隔间，所以所有的办公人员都在一起，在不同的办公桌上工作。当我走进去时，总部经理问："需要什么帮助吗？"

"我想找公司人员的电话簿。"

每个人似乎都停止了工作，恼火地看着我。他们对电话簿感到恼火吗？我们没有电子邮件，所以如果你需要联系公司里的任何人，需要依靠公司内部的电话系统。

文员团队的负责人把电话簿递给我,但马上不耐烦地告诉我:"你知道,这只供公司事务使用。"

我礼貌地说,这是公司的事,我需要打电话给首席执行官。

她扬起眉毛,露出微乎其微的一点儿笑容说:"你可以用我的电话。"每个人都垂下了脸,然后又回去工作了,显然不再感兴趣了。

后来我才意识到,文员团队的负责人让我用她的电话,如果我给首席执行官打电话,违反了协议,可能会因为制造麻烦而被解雇。她没有说:"你以为你是谁?跑到这里来,让我陷入尴尬的局面,如果结果事与愿违的话,我将被无情地责骂。"她走向了另一个方向,并决定成为这一切的目击者。如果我当时注意的话,我就能听到"他要被炒鱿鱼了!"这样的窃窃私语。显然,他们以前从未见过任何人当场被解雇,他们当时一定和罗马斗兽场里的人群一样兴奋。

只有副总裁才会给首席执行官打电话,而且只有在紧急情况下才会。指挥和控制层级很像军队。士兵没有权利在没有直接上级的情况下接近将军。显然,我正在打破常规,挑战现状——即使当时我的词汇表中还没有"职业礼仪"这个词。

我在打电话的时候已经很紧张了,我再次感谢了首席执行官的行政助理帕蒂——我必须强调"行政"这个词，因为她是可以直接把我拒之门外的看门人。

但她一定从我的声音中听到了什么，从而愿意拿自己的工作、地位和老板对她判断能力的评价冒险，接通罗杰·恩里科的电话。

当听到我感谢帕蒂请恩里科先生来，并说我很乐意等候时，我周围人的反应都有些惊讶。我能做的就是做我自己。不知什么原因，我回想起在瓜斯蒂的日子，我在餐桌上一边吃饭，一边滔滔不绝地讲话。我的直觉告诉我，应该直接说出我的观点，看看他是怎么想的。

关键时刻来了，恩里科先生拿起电话，毫不犹豫地问我他能为我做些什么，并密切关注我提到的罗杰·恩里科的视频内容，以及它是如何启发我为自己开发的产品提出想法的。

罗杰·恩里科兴趣盎然地一直听我说，当然他表现得很耐心，直到我提到："你知道吗，前段时间我在工厂里看到阿尔·凯里——"

"哦，你认识阿尔·凯里？"现在，这位首席执行官变得活跃起来。

我开玩笑地说："嗯，阿尔·凯里认识我。"

罗杰·恩里科饶有兴致地笑了。

我继续说："总的来说，我跟他讲了这个新产品，他让我给你打电话。"

接下来的谈话在我的记忆中很模糊，直到他宣布他将在几周后飞到工厂，看我的演示。

演示吗？在我看来，这将涉及工厂里几位经验丰富的经理，他们会意识到我的创新对我们所有人都是一件好事。我完全不知道，当一个清洁工违反规定给首席执行官打电话的消息传开后，一切都要失控了。

无论你在实现最高抱负的过程中处于什么位置，或者你现在只关心眼前的目标，我相信，你承担这种明智的风险的能力决定你能走多远，以及你能以多快的速度到达你梦想的地方。

如何克服自己不愿承受风险的心态？如何区分明智的风险和过高的风险？在考虑风险之前，你如何测试你的想法和决定？让我们再看看你可以使用的工具：

第一，从一个被授权的地方开始。你是否曾经为你最关心的事业而努力工作？如果是这样，你还记得那件事让你感到多么强大吗？当你被老板、老师、信任你的爱人、你的精神指导者或更高的权力拥有者赋予力量时，这种信念对克服你的不情愿冒险是有价值的。当你为自己的信仰挺身而出的时候，权势就失去了力量。你会有一种感觉，它告诉你，即使你的冒险失败了，也没关系，因为你尽了全力，尝到了被赋予力量的感觉。

每当我想到成功，我就会回想起20世纪60年代末70年代初我的青年时代，那是一个民权游行、反对越南战争的时代，我的三位英雄发出了重要的呼吁：凯萨·查维斯、小马丁·路德·金博士和穆罕默德·阿里。当我看到农场工人受到社会经济地位更高的人的不尊重时，我开始意识到社会存在不公正。为什么可以容忍无视和贬低那些尝试实现美国梦的人——非裔美国人、西班牙裔美国人、印第安人、亚洲人以及其他人？是什么与生俱来的权利让那些位高权重的人享受我们的劳动成果，却对那些像我当年一样干着卑微工作的工人，诸如做着拔草、摘葡萄、种树、洗车、杀鸡的工作的人毫不尊重？我的愤怒给了我力量，如果我有机会去做一些事来实现我的愿望，同时也帮助别人，那么风险对我来说就不算什么了。

第二，相信你的直觉。我们都有与生俱来的内在指导系统，警告我们有危险，引导我们找到食物、住所、爱和机会。这是你内心的导航系统，可以帮助你决定你的冒险是明智的还是从长远来看对你没有好处的。如果你想改变你的职业，离开一份工作，选择一份看似副业却能成就未来主业的工作，查看你的导航系统，判断哪一个是最明智的冒险。有时候你的直觉会告诉你要坚持，以后再来考虑这个问题。

第三，对自己的想法和方向进行研究和发展。研发的秘诀就是从测试阶段开始你的想法或计划。用"假如……将会怎样"和"为什么不呢"的问题研究其他选项。如果你能完善这个想法，它将成为一个更明智的冒险。确保市场中存在需求，确保你不是在复制别人的成功理念。或者确保你有一个"标志性声音"，能让你的概念大放异彩。现在用一个"下一步做什么"的问题进一步测试它。要实现这个想法需要做些什么？谁来做这件事，要花多少钱？

授权就像一副盔甲，可以对抗那些想让你失败的反对者。风险总是真实存在的，但如果所有系统都运转良好，你就已经准备好进行一场"弗拉明辣"的冒险了。你还在犹豫什么？

这就是我和罗杰·恩里科打完电话时的感觉——一场冒险即将来临。我的直觉告诉我，大事正在发生，我真正的事业即将起航。

7 撰写你的"弗拉明辣"销售辞

在每个登山者的旅途中，总有那么一刻，当你到达半山腰的某个地方，那里比你想象得要陡峭得多。一直以来，你只是一直不停地向上攀登，而没有思考要如何才能一直爬到山顶。你到达一个小的平台，对自己的进展感到非常兴奋，然而你抬头看到一片笔直的岩石，你却不知道如何攀登。因为没人告诉过你这个攀岩阶段应该如何继续。你往下看，发现没有回头路，因为你的移动可能会引起岩石滑坡。现在该做什么？

对我们中的很多人来说，你决心进行一场成为企业家的革命，让你的抱负付诸实践，或者为你的公司和产品寻找投资者，又或是尝试获得一份更好的工作或晋升——这些都会是巨大的考验。

很多人没有意识到，当你走出去向别人推销你自己或你的理念，并证明它或者你对他们来说也是一个机会时，这里有一个重要的学习曲线。一旦你知道人们可能会对你的想法产生兴趣，或者那扇众所周知的门已经打开了，你就需要一个计划、提案或预演，可以用来表达你将如何应对即将到来的更加艰难的局面。

如果你发现自己处于这种境地，不要感到孤独。你并不孤独！我们中的许多人在上升期的时候，总是冒着困难向前推进，最终到达一个拥有一个理想的工作状态。要知道，成为一个梦想家最难的部分是排除所有消极的声音，这些声音告诉你：你很可笑；这些声音问你：你以为你是谁？或者类似我的情况：我们不会付钱让你创造新产品的！下班之前不要来这里！

当你大展拳脚的时候，你只需要找到一种方式来表达你如何为你的经理、公司或客户的目标提供更大的价值。其实很简单：

1. 专注于他们的需求或要求你提供的所有解决方案。
2. 创新固然重要，但不要太激进；把熟悉和新奇结合起来。

将这两个原则与一个精彩的故事结合在一起，你就做好了准备。我打电话给罗杰·恩里科，告诉他我的弗拉明辣奇多的想法后，菲多利公司一片哗然，事实证明，我能够撑下来，全靠当初这个决策。

罗杰·恩里科的行政助理帕蒂帮了我一个大忙，至今令我感激，她帮我接通了电话，然后罗杰·恩里科说："我两周后就到。"我激动得感觉整个人都飞起来了！我再重复一遍，我根本不知道职业礼仪是什么意思也不知道我会引起全公司的骚动。

与此同时，商务办公室的负责人和办事员向我投来好奇的目光。他们非常爱管闲事，不过是以一种微妙的方式来管闲事——所以我不会看到他们干涉我的事。他们听到了我这边的谈话，而且似乎一直在交头接耳。但还没等别人问我什么，我就把公司通讯录还了回去，然后走出了办公室。

没过多久，工厂经理尖叫着朝我这边走来。在那些日子里，上司可以对员工大喊大叫而不受惩罚。

"蒙塔内兹，你以为你是谁啊？"

我的第一反应是困惑。如果我的创意能得到推广，难道不会让其他人更有面子吗？如果我们真的是一个团队，我的假设就对了。但事实并非如此，从工厂经理的声音里就能听出来。

后来，真相渐渐浮出水面，罗杰·恩里科一定亲自给菲多利公司的总裁打过电话，总裁又给高级副总裁打了电话，高级副总裁又给加州的总裁打了电话，一直打到最后。谈话内容一定是一样的，以这样一个问题开始："谁让清洁工给首席执行官打电话？这个理查德·蒙塔内兹是谁？"

毫无疑问，很多高管批评工厂经理。结果，他以一种前所未有的方式对我怀恨于心。"现在我得粉刷这个地方了！"他厌恶地看着我说。"我们得把这里清理干净，然后带首席执行官参观。"他准备走开，然后补充道："你得自己做报告。"他接着转过身来咧嘴一笑。

我的第一反应是震惊。我从来没有想过要为一项旨在帮助我的公司的创新做一个正式的演讲。然而，我的下一个反应是生气，并决定把它当作一个挑战。

工厂经理的语气告诉了我一切——他相信我会惨败，我那可笑的努力肯定会失败。在他看来，像我这样一个没有受过教育的移民农场工人的儿子，从来没有在全公司范围内做过演讲，是不可能完成这件事的，而首席执行官也会责怪因为我他才不得不到加州来。

我冲回家打算告诉朱迪，她看到了我脸上惊恐的表情。

"怎么了？"

"我要被炒鱿鱼了。"我说。

"为什么？"

"因为我给首席执行官打电话了。"朱迪困惑的反应促使我说："我照你说的做了，现在我有麻烦了。"

朱迪保持冷静，并立即行动起来。我们立刻去图书馆借了3本关于营销策略的书。特别是一本关于推销的书，里面有3段话作为例子，我可以借用和使用这些例子来展示我的计划——关于这个产品将如何为整个菲多利公司和百事公司的产品线增加价值这一类的计划。当你想让别人认可你的项目或你的商业规划时，你的首要任务是展示它将如何为这家企业创造新的价值。

首先，我必须讲一个故事，说明"弗拉明辣"的需求量是多么巨大。当然，弗拉明辣奇多不是用来修复没有成功的奇多口味，也不是用来替代经典的奇多。我的想法是让我们接触到那些想要购买替代品的新消费者，那些我们错过了的消费者。我的目标是让在场的每一个人，甚至是那些认为创新存在威胁的人，都明白这样能赚多少钱。

我想通过语言和视觉效果让人们紧张起来。他们需要意识到，如果菲多利公司不迅速采取行动，我们就会失去填补这项市场空白的绝佳机会。

我已经知道我要展示的房间——"狮子坑"——是什么样子的，因为我以前在里面待过。

房间能容纳大约100人，具有完整的设备，包括一个讲台、一个麦克风、一台投影仪和一个屏幕。

为了把我的产品展示得如同它已经上市一样，我不想把样品装在普通的旧塑料袋里分发。在这个华丽的房间里我不会这样做。为了激发大家的热情，我设计了一个图标：一只有趣的红色小魔鬼躲在黑色背景上，火焰从他和他的干草叉上冒出来。那时候，奇多的吉祥物是一只喜欢奶酪的老鼠[1]，而切斯特猎豹[2]作为奇多的吉祥物的阶段还没来到。在我的家人团队的帮助下，我用多媒体记号笔在画纸上画出了标识，然后把"标签"剪下来，粘在了100个塑料袋上。

当我们把新鲜的弗拉明辣的奇多（我第一次准备推销它们）装满袋子后，我们在熨衣板上设置了一条"流水线"，我用一个

---

[1] 奇多（Cheetos）和奶酪（cheese）在英语中都是以同一个音节"chee"开头的。——译者注

[2] 奇多（Cheetos）和猎豹（cheetah）在英语中都是以同一个音节"chee"开头的。——译者注

热熨斗把每个袋子都封起来，这样看起来就不像是临时抱佛脚做出来的。作为一名企业家，我自掏腰包（可能还因此欠下了一些债务），然后去了当地的一家打印店，在那里我们制作了一系列的幻灯片。我决定讲的故事是关于一个每个人都被邀请参加的派对——一个拉丁美食和文化的庆典。而我们的公司显然错过了那次聚会。有谁想错过派对？我在幻灯片上画的这幅画——幻灯片是放在投影仪玻璃底座上的一块塑料片，屏幕上可以显示图像——是一面墨西哥国旗颜色的横幅，上面写着"Ven a La Fiesta"[①]，下面的金色横幅上写着："欢迎参加派对！"在横幅下面，我画了一个兴高采烈的主人，戴着墨西哥帽，端着一盘弗拉明辣奇多，欢迎每个人来这里体验美味和有趣的经历。

我收集了所有的资料，还有一些为活动准备的其他的材料，装满了大约有 15 个活页夹，每个活页夹里都有和幻灯片一样的内容，以备向那些留在达拉斯没能来看我演讲的决策者提供文案记录。

为了确保我的演讲能准确无误，我咨询了我的导师朱利叶斯，他强调了一些我后来从顶级营销专家那里听到的内容——

---

① Ven a La Fiesta，欢迎参加派对，西班牙语。——译者注

一些人称之为你所展示的相关产品、公司或服务的卖点。朱利叶斯总是超前行动。这一概念适用于任何规模的创新或解决方案，你可以向你的主管或高管或任何你希望签约的人推销。

　　卖点是一个或多个用来克服大多数反对意见的独特重点。决策者们想知道你的产品有何与众不同。站在消费者的角度，是什么让他们有购买的动力？就像汽车制造商喜欢用黑斑羚、野马、悍马、美洲狮起名，一下子就能让人们把汽车的动力和性能与这些动物的凶猛、迅捷的特点联系在一起。卖点就是如此使人想起这些品质，甚至可能会用来创造一个口号。在推销过程中，独特卖点可以起到至关重要的作用。你可以问问自己，是什么让我的产品如此独特，让它成为头条新闻并引起轰动？当你听到产品的名字，感觉就像你即将置身于派对之中，这就让你与产品建立了个人关系。毕竟，在拥挤的市场中，每个人都想知道你将如何获得巨大的关注，而这对于推销新产品来说是至关重要的。当公司高管或独立投资者观看了无数的演示文稿或阅读大量的商业计划时，独特卖点是可以让他们过目不忘的东西，这就让你的努力脱颖而出。当然你的产品不能太过一般，不然就会被湮没于一堆方案当中；同样，也不能太另类，那样会让人难以接受。

对于弗拉明辣奇多来说，我相信它有 3 个非常棒的卖点。

第一，即使我不是营销专家，我也知道大多数大品牌才刚刚开始意识到拉丁裔消费者的购买力。有谁能比拉丁裔消费者中的一员更能设计出吸引这些消费者的产品呢？我追踪了一些数据，把它变成了一张图表，显示了美国拉美裔人口的估计数量（20 世纪 80 年代末为 2 200 万），以及未来 10 年拉美裔人口预计增长 58%（到 20 世纪 90 年代末增至近 3 500 万）。我的产品名字中蕴含着一种以热辣和嘶嘶声著称的文化理念，它具有一种英雄般的品质，这种英雄品质会让你觉得——哇，如果我吃了这个奇多，我就会变得很"弗拉明辣"！

第二，如果我们的主管们错过了使用一个已经开发出来的产品的机会——我用我的时间和我的钱已经开发出了产品——他们将会浪费掉数百万美元，他们将会为了研发其他新项目而浪费数百万美元。我和我的家庭团队已经完成了通常需要 5—10 年研究和开发的所有事情，这些事情还需要食品科学家博士、数据分析专家和营销高管细致入微地管理每一个方面，更不用说为准备推出产品而向外部品牌和广告策划专家投入数百万美元。弗拉明辣奇多可以在 3—4 个月内在商店和利基市场推出和测试。

第三，我知道在公司内部开发新产品的一个常见策略是派食品科学家去餐厅研究受欢迎的菜肴，并研究如何把它们变成零食。这就是多力多滋烤奶酪辣味玉米片这样的产品诞生的原因。可以肯定的是，没有什么真正的"烤奶酪辣味玉米片"，因为它们只有一种调味料，这种调味料与墨西哥风味无关。弗拉明辣奇多以同样的"小吃套餐"作为卖点，抓住了墨西哥美食的真正魅力。

我还提出了给奇多添加4种不同辣味等级的香料——微辣、中辣、辣和特辣。辣味的版本是我花时间开发的，我们把制作出来的奇多样品打包并密封在袋子里，供出席活动的人尝试。到目前为止，朋友和同事，主要是拉丁裔和非裔美国人对辣味的反应大多是"恰到好处"，但我不太确定那些无法习惯不同等级辣味的人的口味。这就是为什么，为了安全起见，我提出将奇多的辣味调制成由特辣到中辣再到微辣的程度。

离最终演示的日子越来越近了，我感到自己的恐惧与日俱增。我提醒自己记住所有学到的教训，让饥饿成为恐惧的解药，并戴上我最好的"那又怎样？谁在乎呢？"假装很镇定的伪装。这在很大程度上帮助了我，但很快我就开始动摇，因为想到我要站在企业巨头面前，我非常紧张。一天下午，在只剩两天时间的时候，那位支持我的经理来访问我，他本不该来帮我的。

他在保洁处停了下来，点了点头向我示意。我们走到外面，他再次确认："他们肯定在监视你，寻找任何解雇你的理由。他们还在调查你的考勤表。"

"我的考勤表吗？"这毫无意义。我只是下班以后，用自己的时间做一些准备工作。我认为他们会放我一马，因为我想为一线员工和大家创造更多的工作时间。我的朋友尽可能的把它知道的告诉我，要确保我的演讲精彩绝伦。有消息说，很多经理都等着看我在首席执行官面前把事情搞砸。

"我该怎么办？"我问。

"别搞砸了。"

就在那时，我想起了如何吸引房间所有人注意力的方法。故事开始于我对少年时期那些冒险日子的记忆，那时我睡在星空下，和那些会让每个人着迷的了不起的讲故事的人坐在一起。

我遇到的最会讲故事的人之一是一个白人酒鬼，他讲了一些荒诞不经的故事，但人们根本不在乎故事是否荒诞，人们相信他说的每一个字，因为他的故事太吸引人了。他一直观察他的听众，揣摩你的反应，把他的故事灌输给你，确保他的故事吸引住你的全部注意力。他讲了朝鲜战争时他在空军服役的故事，讲了真实的重要性，因为你不欠世界任何解释。"真实"

（authentic）这个词的要义很清楚，不过我后来查了词源，发现它源自希腊语"authenes"这个词，意为"按自己的意志行事的人"，后来又有"真实的，有权被承认为事实"的意思。

那种真实的感觉是我想要带到我的演示中去的，做我自己，做真实的自己。但同时也证明我了解我做的事，因为这是我从经验中获得的。讲故事的人还曾经做过的一件事是，在故事的某个时刻，他会拿出一个道具来证明某个观点，或者让你相信他所说的一切都发生了。这就像一个魔术。

我为我的演讲准备了一切，我所要做的就是说出我的心声，在一个激动人心的时刻，拿出一件道具。直觉告诉我，我的想法是可行的。但是，在准备了这一切之后，就算我的演示不成功，我仍相信，我的创意是本世纪最棒的创新之一。

多年来，我一直在寻找机会穿上我在善意企业旗下的旧货店里买的灰色西装和白色长袖衬衫，以此来练习成为未来的我。但我唯一不曾佩戴过的就是领带。即使是我认识的穿着最讲究的朱利叶斯也从不打领带。管它呢，我想，如果我要做成这件事，不管是成功还是失败，我都要看起来像百万富翁。

我没怎么睡觉，第二天一大早洗了澡，刮了胡子，在朱迪和孩子们起床送我时，我已经穿上西装。我收拾好了我的100

个袋子、1叠透明纸、15个笔记本和我的特殊道具，一切都准备好了。走到一半的时候，我停了下来，然后回头看了看。我永远不会忘记我孩子们的明亮的眼睛里流露出的骄傲，因为我也因为他们自己，因为他们也是过程的参与者。

朱迪跟着我走了出来，用她低调沉稳的声音说了几句话，给了我无限的力量。首先，她激励我。"激励"这个词的意思是给别人注入生命。其次，她鼓励我——她给了我勇气，让我觉得自己能够勇敢地面对一些我从未真正相信自己能够面对的事情。最后，她提醒我，我的价值和我是谁。直到今天，我还在努力做这3件事，我相信它们也会让我的读者更强大。

朱迪说："你都准备好了。我不知道还有谁比你更有勇气，理查德，你能做到的。"最后，她提醒我："别忘了，当你刚被雇用为清洁工时，你爸爸和你爷爷告诉过你，为了自己的名字做事。你是蒙塔内兹。现在去迎接我们应得的成功吧。"

这种她给我的力量是一种助推器，一种滋补品，这些正是我所需要的。

虽然鼓足了勇气，但我依然很紧张，当我到达时，看到房间里挤满了菲多利公司的领导和管理人员。当我安静地把我的东西放在讲台附近时，我必须承认我很紧张——紧张得几乎呕吐。然而，我想到朱迪的话，在这个过程中，我突然意识到，不管我的演讲进行得好不好，我都有麻烦了。那些恨我破坏秩序的人无论如何也会恨我。那些持开放态度的人（尽管我违反了规定）可能会受到影响。我想在这里再次强调，你不需要影响每个人，只需要影响那些正确的人即可。

这就是我下定决心的原因——也就是说，无论结果如何，这一切都是值得的。在这种心态下，我找到了一种坚定的信念，就在这时，我看到了首席执行官的到来，他由工厂经理和一群主管和高管陪同着。罗杰·恩里科是个了不起的人物，英俊而且有魅力。我从远处观察他巡视、握手、微笑，同时观察每个人，我可以看到他是如何赢得尊敬的——就像一名军官检阅他的军队。他总是把每个人都看得很重要，给他们更多的时间——即使有时他真的有急事。他是怎么做到的？

在场的 100 人（还包括站在门口和门外的人）中，大多数都是我们的主要高管，只要首席执行官不直视他们，他们就不掩饰自己被拉来参加这个活动的愤怒。他们气得满脸通红，翻着白眼，交叉着胳膊，摇着头，偶尔还瞪着我。

后来，我才明白，当首席执行官把他的视频交给每个部门播放时，他可能是在期待他的最高层管理人员像老板一样思考，并提出伟大的想法。无论这个练习的结果将是什么，罗杰·恩里科将教育所有人——比起你们，清洁工更懂得什么是创业所需要的创意。

就在最后一位高管就座之前，一位经理终于把我介绍给了首席执行官。工厂经理插话道："理查德今天要做报告。"这句话似乎让罗杰·恩里科感到很惊讶。尽管如此，他还是握了握我的手，拍了拍我的后背，向我保证，他很高兴能看到来自基层的创意。

"谢谢你抽空过来。"我回答道，看着他在前排就坐。说完，我向制作部门的同事示意，他们帮我分发了几袋弗拉明辣奇多。这让我有机会看看房间里都有谁。

不幸的是，朱利叶斯和我的另一位导师都不在，可能是有人想故意让观众对我冷眼相待。除此之外，首席执行官还召集了所有的大人物，对他们中的许多人来说，这是他们任职期间第一次聚集在一起。达拉斯有首席营销官、总裁和销售副总裁；西海岸部门有首席运营官和首席人事官；加州有营销、销售和运营的总裁和副总裁。还有一些来自德克萨斯州研发部门的食品科学家，他们是在我给他们寄了几包酸橙和辣椒酱调味料作为建议后和我一起工作的熟悉面孔。

显然，当时没有人想品尝弗拉明辣奇多——也就是说，直到首席执行官鼓励其他人尝试之前。大家的反应不一。员工们拿着百事可乐站在房间的两侧，手举着饮料，我可以听到各种各样的评论。从"哇，真辣！"到"不错""奶酪不够"，再到"味道不错，但袋子上有个小红魔，是谁想出来的？"

品尝之后，比经理稍高一级的总监走上讲台，对大家表示欢迎。他首先对百事可乐公司首席执行官罗杰·恩里科的出席表示欢迎，然后对12位最重要的高管表示欢迎。我的一位同事给他们每人递了一本笔记本。

总监感谢大家的到来，然后看着站在台下的我。这是在暗示我上台吗？我犹豫了一下。每个人都停止了咀嚼他们的样品，开始等待。"上来吧，理查德，"总监说，"轮到你了。"

感到时间仿佛停滞，就像在梦里。我内心的声音告诉我，"不要昏过去。"但神奇的是，当我走上台的那一刻，有种感觉控制了我。我感到如果我像一个单口相声演员或传教士那样四处走动，我可能就会放松下来。于是我从讲台上抓起麦克风，开始讲话，在台上走来走去。我尽可能以最真诚、最出色的方式排除了所有消极情绪，我感到上帝赐予了我找到自己声音的能力。很快，我就带着激情和自信开始了演讲，最重要的是，我直面了首席执行官给我们所有人的挑战。

"当你相信自己的时候,生活就会改变。"朱迪的话在我耳边回响。她信任我,我也相信我自己。所以,我尽可能真实地讲述了我想要为我、我的家人和我的同事带来改变的故事。我和销售代表一起去拉美裔社区的市场,发现我们公司没有对拉美裔特别有吸引力的香料或辣味小吃,没有针对这个重要市场的产品。那是我找到解决办法的"热身",我引起了听众的注意。他们想要知道后面的故事。

但在继续之前,我走到投影仪前,打开了投影仪,然后准备开始我的正式演讲。我把灯放低,然后惊恐地发现幻灯片是倒着出现的。我即兴编了个笑话,又试了一次,但投影仪还是没有恢复正常运行。

最后,投影仪自我纠正了,我终于正式开始谈论菲多利公司是如何错过了拉美这片充满活力的文化市场和伴随它而来的顾客的主题。然后我打开灯,回忆起我找到答案和灵感的那一天,继续讲故事。一边演讲,我一边把手伸到讲台下,拿出一份热气腾腾、香气浓郁、配料齐全的 elote[①],咬了一大口。

[①] elote,西班牙语,意思是熟的玉米棒。——译者注

"在我生活的街区，人们花两美元就能买到两个这样的玉米棒，就能吃上一顿饭。"然后我又咬了一口。"我刚想出如何把一顿饭变成一份零食！"

房间里爆发出一阵笑声。

现在我感到我肯定会取得胜利，我指着烤玉米解释它看起来多么像奇多，以及它是如何启发我创造出奇多的原型、设计标识和袋子，并开始分发样品进行口味测试的。当我播放完所有的幻灯片时，我检查了预期的生产成本，以及奇多与一些更小众的产品相比的预期收入，并分析了不同强度的辣度和香料度的副产品。房间里现在出现了一种不可否认的节日气氛。

我是不是太荒唐了？绝对的！但是，我想再说一次，伟大有时会以荒谬的形式出现。我看了看这位首席执行官，他的脸上有一种若有所思的表情，他既没有明确表示认同，也没有表示拒绝。

对我来说，这无关紧要，因为我已经攀上了岩壁，正要把自己送到更高的平台上去。正当我向所有人表示感谢，并在我即将离开舞台听到了礼貌的掌声时，一位高级营销主管举起了手。

"理查德，"他严肃地说，"我有一个问题。"

我愣了一下，但很快又说："对不起，先生，我们没有时间回答问题。"我开始有点紧张起来——有提问环节吗？没人说过会提问题。

但营销主管完全无视我的话。他站起来挑战我说："我有一个问题。我们说的是多大的市场份额？"

我的身体像被抽走了空气。这个问题听起来像是用古亚拉姆语说的。我几乎要晕倒了。我的大脑扭曲成椒盐卷饼的形状，然后感到更加恐慌了——什么是市场份额？我没有读过那一章！

但我没有昏倒，也没有编造数字，我内心的斗士拒绝被吓倒，我内心的创新者决定创造性地回答问题。我张开双臂，尽可能地张开，脸上带着最大胆的微笑说："这么大的市场份额——就是这么大！"

房间里鸦雀无声，连针掉在地上的声音都能听到。除此之外，我听到了一点咯咯的笑声，不是太大声。有人小声问："他是不是说了'这么大的市场份额'？"

然后一切都像冻结了，我站在那里，脸上挂着笑容，手臂仍然张开，我不知道接下来会发生什么。就在那一刻，罗杰·恩里科站了起来，脸上带着"我告诉过你"的表情。他转向会议室里的其他人说道："女士们、先生们，你们意识到理查德刚刚向我们展示了如何追求这么大的市场份额吗？"他也尽可能地张开双臂，笑得比我还要灿烂。

  现在你应该知道了，弗拉明辣奇多的销售宣传给了我前进的绿灯。不是每件事都一帆风顺，但有一件事是肯定的：我经受住了烈火的考验。你也可以——无论是做一个大型的演示，还是提出一个更温和的建议，比如工作上的改进或创新，或者提出一个使管理者愿意为你的项目签合同的想法。显然，并不是所有的宣传和营销计划都需要如此完善。然而，讲故事的规则无论如何都是适用的，例如：

- 电梯游说。这对许多职业都有帮助。假设你在保险行业起步，你想去招揽客户。你在电梯里无意中听到有人需要办公室保险，现在你有一分钟的时间来讲述你的故事。你只需要说明你们公司提供的服务，并提到一个独特的卖点，递出你的名片，并表示你很乐意提供帮助。你的目标不是做成一笔生意，而是赢得一个潜在的客户。当你和那个人一起走出电梯，拿到一些个人信息，并说，"我迫不及待地想听到你的消息。"你会因为没有咄咄逼人而得分。

- 让买家完成交易。我喜欢汽车。老爷车、卡车和摩托车，这些一直是我的弱项（现在我已经有了一些定制的经典车和跑车，还有最近买的哈雷车）。所以当我从经销商那里或在车展上买车时，我不需要强行推销。我遇到过的最好的汽车销售员很聪明，因为他知道销售过程基本上是这样的：我会问一些关于我想买的汽车的问题，他回答这些问题。但是相反，他告诉了我有关他自己和他家庭的情况，并询问了我和我家人的情况，然后帮我完成交易。他的话很真诚，他实践了"了解你的观众"的销售规则。

- 与合作伙伴一起进行销售宣传。有时候，当你向一个消费者讲述你的项目想法时，你实际上是在向他推销一个引人注目的故事。怎么做？例如，在娱乐行业，当你想向制片人推销一个故事时——他正在打电话，注意力不集中，只是把会面当作一种恩惠——你必须双管齐下。很多崭露头角的编剧和节目主创都有一个诀窍，那就是与合作伙伴轮流讲故事，一方负责缓和气氛，另一方负责陈述具体的内容。当你向老板推销公司的想法时，你也可以让一位同事加入你的行列。带上道具。

我和那些最成功的销售员以及营销主管相处的时间越长，我就越能体会到一个最重要的因素，那就是激情。带着你的真心，了解你的产品或概念，然后讲述你的故事。激情总是会给你加分，即使你无法回答每一个问题。一旦你的想法获得了批准，点亮了"绿灯"，热情也会带领你走向实现梦想的下一步。

8 遇到质疑时,调整你的策略

你做到了！你以及你的"弗拉明辣"创意从危险的高度和你必须攀登的笔直的岩壁中幸存了下来。你克服了最可怕的恐惧，甚至让自己看起来或听起来很荒谬。你像老板一样表现自己，一直面对"不！""你以为你是谁？"在最后得到一个响亮的"是！"你可能会感到欣喜若狂——就好像你已经达到了一个重要的顶峰。也许你成功地向你的雇主提出了一个想法，获得了加薪和升职，从严格的学术或培训项目中毕业，开创了自己的企业，你的初创企业获得了认可或投资，发明了一种有利可寻的产品或服务，或发现了一种治疗严重疾病的方法——你能想到的都有。

坚强起来，因为接下来可能还会有意想不到的情节转折。

当你终于爬到山顶的时候，你站在那里，筋疲力尽但很自豪，你环顾四周，看到了一些你刚开始在大本营无法想象的东西。之后还有另一座山需要你去攀登，比你刚刚征服的那座山高两倍，也陡得多。

是的，前方还有更大的挑战。你将面对意想不到的危险地形和敌人。还记得我们讨论过的那些想偷走属于你的成功的人和势力吗？你爬得越高，你就越能成为领导者，就会有越多的人来追击你。

例如，假设你在提出一项节约成本的措施后尝到了成功的滋味，这为你的部门节省了资金。每个人都对此留下了深刻的印象，他们不知道你有这样的天赋。但突然间，一群模仿者、诋毁者和窃贼会竭尽全力地阻止你发展项目，而不是欢迎你加入这个负责将理念带入下一个阶段的团队。在企业界，背后捅刀的人臭名昭著。但他们还是会把功劳归于他们自己，然后尽量不给你，即使那是你的提案。当你开始得到你应得的认可时，他们也会冲过来把它夺走。

我知道这可能不是你期望听到的消息，但这是我们每个人都要面对的现实。当我们向上攀登，为我们自己、家人、同事和其他人创造真正的机会时，我们可以预期会有一个或几个人试图将我们击倒。

好消息是，你很快就会成为适应新情况，调整方法的大师。你可以把你知道的东西结合起来，以更快的速度、力量和耐力向前迈进。长期这样坚持下去，你会比任何试图将你绊倒的人领先一步。

接下来，我将指出 3 种我认为必须学习的可行策略：

1. 如何发现蓄意破坏的情况。
2. 如何保持冷静。
3. 如何进入解决问题的模式。

正如你会发现的那样，适应能力存在于你的基因，你要知道这一点，也要明白"有备无患"。

起初我没有看见有人向我冲来。事实上，当罗杰·恩里科说我刚刚展开双臂向所有人展示了如何追求"那么大的市场份额"时，就取得了胜利，整个房间都亮了起来。我这辈子从未有过这样被认可的感觉。

我惊讶地环顾四周，看到了那些因为被迫参加我的产品发布会而感到警惕和愤怒的人，我看到了变化。当然，他们对我多了一份友好，但罗杰一开口，我就看到他们的眼神缓和下来，看见他们点了点头，露出兴奋的微笑。那个挤满了人的房间里有如此多的自由，我觉得我们仿佛苏醒了。接下来我所知道的是，在会议结束后，研发人员、食品科学家、销售和营销人员之间开始了一系列的对话。我无意中听到的东西不多，但似乎每个人都准备好大干一场，把弗拉明辣奇多投入生产。

罗杰·恩里科明确表示他会随时向我提供帮助，同时我有特别的渠道与他交流。但同样清楚的是，推出新产品的常规流程现在将启动。我听到一些祝贺声，但上司并没有给我加薪和升职，这有点让人失望，但我并没有考虑归功或补偿问题。有点天真的是，我竟很高兴被团队接受，成为其中一员。很明显，我不是这个团队的负责人，尽管我确实希望我是一个重要的角色。

但是我错了！研发主管和食品科学家们通知我，他们将推出一种弗拉明辣奇多的调味料，可能比朱迪原来的秘制调味料稍微缓和一点，没有那么辣，而这种调味料将成为他们的专利。他们确实会时不时地向我询问口味的测试，看看味道是否还能保持吸引力和原汁原味。我对他们竖起大拇指，我认为稍后会研发其他辣度的调味料。

与此同时，当我没有从达拉斯的市场部门得到任何消息时，我联系了一位区域营销总监，询问产品发布的情况，他夸赞了我，接着暗示他不认为我是一名领导者。"理查德，"他说，"那不是你要操心的事。你是个有创意的人，你可以坚持不断创新。但你对策略一无所知。"

策略？他在说什么？坦率地说，我当时根本不知道这个词是什么意思。我查了一下，是这样解释的：

策略是对企业的一种广泛而通用的方法，在这种方法中，某些结构要素是预先确定的，行动路线是优先选择的，以便根据企业所处的环境和对手的预期行动，将该企业与其他企业区分开来。

这样的解释太冗长了，但听起来并不难。当我思考这个问题时，我的策略已经促成了几个目标的实现。有一种能看见隐形事物的感觉——一直存在的东西，但它在被揭露之前一直隐藏在某处，没有被发现。这就是想法的一部分，是的。但我和我家庭研发公司的成员一直在练习如何制定策略将这些启示转化为产品和项目。

虽然有点受打击，但我认为我应该继续前进，开始在弗拉明辣等公司品牌下整合未来产品的想法。在我创造或帮助开发和提出的十几项创新中,有几项的特许经营权来自同一家弗拉明辣连锁店,包括弗拉明辣爆米花、弗拉明辣菲多、酸橙味和红辣椒味菲多。虽然新想法正在酝酿。但那时我确实从达拉斯听说他们需要我的帮助。

我欣喜若狂地跑回家告诉朱迪,一位秘书联系了我,她是菲多利公司总部一位首席食品科学家博士的秘书,那位首席食品科学家博士也是研发部门的负责人(他拒绝去加州库卡蒙加牧场参加演讲)。她告诉我,她的老板 H 博士要见我。他的部门希望我去一趟达拉斯——这是我第一次坐飞机与团队见面。我们都很兴奋。我和家人一起庆祝,期待即将到来的成功。

对于刚起步的人来说,这次旅行是有争议的,因为我当时还是一名小时工,没有路费或任何其他津贴。最终,我的旅行得到了批准,并且可以报销,但需要记录下我不在岗位的时间(这种做法将持续多年)。过了一段时间,我晋升到了一个新职位:产品包装经理。即便如此,我也还是继续做小时工,直到另一场争论爆发。

站在德克萨斯州普莱诺菲多利公司总部大楼的研发大楼外——距离达拉斯市区北部 20 分钟车程的地方——我有一种踏入未来大门的感觉。我能把自己看作一名高管,每天都到这里来，置身在这优雅的公园般的环境里吗？为什么不呢？

我激动得心跳加速，走到前台，告诉接待员我的名字。

"欢迎，蒙塔内兹先生，请等一下，我去找一位翻译。"

我笑着说："我会说英语。"

显然，她以为我是墨西哥分部的一名主管。作为第一批以特殊访客身份被飞机接过来的拉丁裔员工，我可以看出，她以为我一定是来自另一个国家。她向我道歉，我说没关系，然后她继续询问我是否需要找一个合适的地方与研发负责人见面。我点点头，我想都没想就称呼研发人员为 H. 先生。

她惊恐地看着我。"是 H 博士。"她断然说。"我们都称他博士。"在任何情况下，他都不允许人们直呼他的名字，或者单纯地称他先生。在我看来这有些多余，但他是菲多利公司的高级副总裁，我当然不想失礼。

最后，我被领进 H 博士的大套间办公室，他的私人秘书再次告诉我，一定要称呼他为 H 博士。当她把我带到办公室里屋时，那个魁梧的苏格兰人坐在他的办公桌后面，就像一位苏格兰将军，只差穿上他的苏格兰短裙（众所周知，他在特殊场合会穿苏格兰短裙）。他嗓音洪亮，并且有明显的苏格兰口音。

我还没来得及说话，他上下打量了我一番说："你是理查德·蒙塔内兹。"

"很高兴见到你,博士。"我说,坐下来之前和他轻松地握了握手。

H博士不是那种看起来很热情又能带动气氛的人,但他不拐弯抹角,这一点我很欣赏。首先,他感谢我大老远飞过来,说:"我只是想知道我们如何合作,因为你做错了事情。"

这对我来说倒是个新闻。我做错了什么?

"你不能只是创造了一款产品,还没有正确研发就指望我们销售。你不可能在家里把它做好,装进袋子里,然后分发出去。这样会让人生病的。"他解释说,即使在制作原型时,用来浸泡玉米的水也必须具有适当的高酸碱值。当然,我知道用来浸泡玉米的水必须具有适当的高酸碱值,我在工厂里学到了这些,但我并没有强调和解释。他决定给我上一堂食品科学的速成课,我认真地听着。

我告诉他这是很重要的信息,我会在未来的产品开发中考虑到这个问题。H博士想让我深刻地记住,我不应该涉足我知之甚少的科学领域。他带我参观了食品实验室,并向我介绍了那里的几位食品科学家和研发人员,其中一些人我以前见过。因为对自己的想法很有信心,在离开之前,我提出了在未来举办新口味零食品尝大赛的可能性。

这是一个糟糕的举动。当时弗拉明辣奇多还没有推出,所以我可能有点操之过急了,根本没有想过属于我的成功可能会被偷走。

然而,随着时间的推移,我遇到的博士越来越多,我越发明白他们的策略是恐吓我。他们强调他们多年的学校教育,强调他们可以在实验室里做什么,而我永远不应该独自尝试。当我回到家的时候,我不禁感到沮丧,就好像我的创意——我的辛辛苦苦创作的作品被陌生人据为己有了一样,他们根本不在乎它的来源。他们接受了我的发现,为了批量生产而降低了辣度,并且不需要我的意见。除了保持冷静,并向每个人保证我很高兴能加入团队外,没有其他能做的。

在那次访问期间,我几乎没有想到 H 博士是给营销和销售主管发送关于弗拉明辣奇多的备忘录的幕后主使。他写道:"不要支持这个项目。"幸运的是,这些高管知道罗杰·恩里科希望在商店里看到弗拉明辣奇多。

同样幸运的是,H 博士没有任何可以控制我的筹码。

在我不知情的情况下,H 博士去拜访了菲多利北美公司现任总裁阿尔·凯里,并告诉他:"你需要让理查德停止他的行为。"

"不，"阿尔告诉他，"我不能让我的员工停止思考。"显然，他们在那之后发生了激烈的争论。

后来，阿尔告诉了我他们之间的对话。阿尔·凯里知道自己应当怎么做，是个非常有主见的人。他安慰我说："别担心，理查德，继续做你正在做的事。他不能解雇你。"他笑着补充道："我可以，因为你在我的员工薪水发放单上，但他不能。"

他的话让我松了一口气。我觉察到一些警告的信号，我以后不会错过这种信号。如果你想知道自己的项目是否被人蓄意破坏，这里有一些提示：

- 你的项目获得上级批准，但之后你没有听到关于这个项目的任何消息，过了一段时间你突然听到关于你的项目的消息，这意味着一些当权者不喜欢你的项目，想让你开始怀疑自己的能力。他们用这种方式来维护自己的权力。
- 如果你发现自己注定要失败，从而开始怀疑自己，这就是煤气灯效应[①]；如果你抱怨，别人可能会说你是偏执狂。
- 当你觉得自己被排挤时，你仍然需要做一些你知道但他

[①] 煤气灯效应（gaslighting），是一个心理学词汇，指对受害者施加的情感虐待和操控，让受害者逐渐丧失自尊，产生自我怀疑，无法逃脱。——译者注

们不知道的事情。他们会把你推向悬崖，但不会到边缘。这是一个线索，会让你意识到：他们认为你已经威胁到他们了。

我的态度是让自己坚强起来，泰然处之。你必须保持冷静，原因有3个。第一，讨厌你的人会继续讨厌你，你无法改变他们；第二，你应该避免使自己降至他们的水平；第三，你可能会偏执。我自己也认为我是偏执狂患者，直到我们的工厂真正开始生产我的产品，研发部门派出了一位专家来创建生产线。通常，这样的过程至少需要几个星期，还需要整个团队一起来做这件事。难道有人要破坏我的项目吗？毕竟只派出了一位专家。这一次，因为我的工厂经理没有预算，我和那位专家不得不自己组装生产线，然后我们只有4个小时的时间来生产第一批1 000袋左右的产品。专家设置生产线的方式将决定未来奇多的生产方式。我们只有4个小时！来自总部的专家搭建了一个临时实验室，用来混合香料、奶酪，估计了重量和时间，然后做出了所有的计算，我负责核对。我仔细反复核对他的计算结果。然后我们带着一群"骨干船员"，开始了我们的"处女航"。

最初生产的几个奇多看起来棒极了。但味道一般。我提出了一些看法，制作专家耸了耸肩，说这些完全符合我最初在家制作它们的方式。似乎有些不对劲。味道不对了。我不知道该怎么办，我忍住了担忧，但心里感到很难受。"船员们"什么都不知道。我所有的朋友都在和我击掌，互相拍肩，为第一次"登船"兴奋不已。那时，我开始质疑自己的担忧。也许是我多虑了。

那天晚上，正当我在床上辗转反侧之时，我接到了制作专家打来的电话。他从汽车旅馆打来电话告诉我我是对的。他检查了自己的计算和测量结果，发现了错误。当他输入辣味调料和奇多的比例时，每只奇多只分配了一半的调料。在电话里，他说明了应该有的规格。从他的语气中，我听不出他是故意犯下这个错误，还是他后来发现出现了错误。无论答案是什么，我都不会知道。我只知道我必须找到一个解决办法。

所以我一挂断他的电话，就给几个同事打了个电话，问他们能不能过来帮我开工生产。

已经是半夜了，大家都睡了。他们说可以过来。他们最开始以为我说的是第二天。当我向他们解释说，我们必须现在——凌晨两点来完成这件事时，他们都先沉默不语，然后说："明白了。"

来帮忙轮班的同事都没钱可赚。但有时做事不是为了钱。你这么做是为了留下你在这世上的痕迹，为了你的家庭。从那时起，他们每个人都可以声称，当第一批"弗拉明辣奇多"诞生时，他们就在那个房间里。弗拉明辣奇多尝起来味道棒极了。比我想象得还要好。

和以前一样，保持解决问题的心态使我不会让属于自己的成功被盗走。从那以后，我一直睁大眼睛，保持冷静，并随时准备好在接到通知的瞬间悄悄地参与进来。

我们现在有了制造产品的方法。真正的考验是将产品推向市场获得市场份额。区域市场和销售经理决定不做广告或任何形式的大型促销活动。相反，他们选择在洛杉矶及其周边地区限量推出弗拉明辣奇多。

在我看来，这策略似乎有问题，但他们说服我，他们知道什么是最好的，所以我并不真的担心。我认为，产品在他们手里，一切都在向前发展。又过了几个月，我听到传言说他们要阻止弗拉明辣奇多在市场上取得成功。

当我询问这是否属实时，一些不太资深的营销人员表示这是一个很好的尝试，但除非一款产品有每年至少3000万美元销售额的潜力，否则他们会迅速将其淘汰。

朱利叶斯曾提醒过我可能会发生这种情况，但我拒绝相信他。他也曾希望弗拉明辣奇多建立起好的口碑能够克服缺乏营销支持的问题。他看到了发出去的备忘录（罗杰·恩里科显然不知道这些），上面特别申明不要帮助我。

朱利叶斯看到我生气了，想尝试安慰我。他问我，我是打算辞职吗？我想了想，意识到这样做会让我丢了工作，对任何人都没有好处。罗杰·恩里科做了那么多来表示他对我的信任，我自然不能去找他抱怨。

就在那时，我想到了一个新的策略。以前的我是个战士，有时脾气很火爆。现在，大家都跟我作对，我不得不做出回应。所以如果他们想吵架，我会回击，但不会像过去那样。在我看来，有时候最好的办法是避免争吵，或者说看上去没有争吵。这样做，你就改变了你的游戏规则，你就让那些随时可能攻击你的人放松下来，不再那么虎视眈眈。从而让自己免遭其害。

如果我要继续像老板一样表现自己，我就必须拒绝那些认为我没有能力用更聪明的方法来改变他们方法的人的意见。我的新方法的寓意是，关键不在于你自己有多聪明，而在于你的方法有多聪明。

在这种情况下，再一次，我来自贫民区的一些街头智慧会给我带来我需要的适应技能。

当我说保持解决问题的心态很重要时,我的意思是做好准备,以防有人以卑鄙的手段陷害,而且要讲究谋略,才能战胜对手。当你内心被搅得一团糟的时候你是怎么保持冷静的?戴上墨镜。不要让他们看到你流汗。

当我调整自己的反应时,我必须像一个科学家一样寻找破坏一款设计未成熟的产品的真相,而不是只关注背后捅我的刀。具体地说,我必须到那些据说在商店里有弗拉明辣奇多的街区去实地考察。但有人告诉我那里并没有弗拉明辣奇多出售。

这个消息令我震惊。当然,这是因为公司没有把产品投放到消费者手中,所以消费者无法买到产品。那时,我已经认识了几乎所有在大洛杉矶地区负责送货的正规销售人员。他们给我看了他们的数据作为证明。销售员没有推广产品,所以业绩很差,也没有新的订单。

连销售人员都感到惊讶不能理解。他们喜欢弗拉明辣奇多,但除了送货到指定的地址之外,他们没有任何控制权。我的销售朋友比尔试着安慰我,他说:"公司的决策太糟糕了,但你做得很好。有时候就是这样。"

有些事说不通。如果说有哪家公司知道如何推出新品牌产品，那一定是菲多利公司。就算他们想让我出局，他们也得给弗拉明辣奇多一个机会。

之后的一个周末，我和家人开车去了比尔路线上的几家商店，我立刻发现了问题所在。货架上有一袋弗拉明辣奇多，和所有其他熟悉的产品在一起。但是只有一袋！即使有人买了一袋，并且很喜欢它，这也不足以让店主或商店经理有充分的理由重新订购。

我可以选择愤怒或反击。那么我能做些什么来改变现状呢？利用我的街头创业技能，我想出了一个激进的草根策略，并下定决心用我自己的存款将其付诸实施。首先，我在地图上标出了所有的小商店和市场，这些商店和市场都只有一袋弗拉明辣奇多，我开始和家人一起尽可能多地去购买。我们走进店里，买了一袋，直接在店里吃完，然后给出热烈的反馈，接着我就去找经理或老板询问："嘿，这些弗拉明辣奇多是什么？很美味啊。我的孩子们很喜欢。还有吗？"

店员、经理或店主总是说："不，我们已经没有了，但我们会再订购一些。下周末再来买吧。"这次运送到商店的弗拉明辣奇多已经有3袋或4袋了，我们还是会全部买下来。过一段时间，我们再回到商店，看到商店里已经开始有奇多的存货了。

很快，订单就开始成倍增长。我的策略非常奏效，我雇了一些朋友跟他们的孩子一起来做同样的事情。除了给他们买弗拉明辣奇多的钱，我还报销他们的午餐费用或午餐直接带他们去吃，作为回报，他们帮助我们在每一个拉美裔街区，在我们能到达的每一家商店买我们的产品。销售和营销主管们感到迷惑不解。我曾问过："你们还打算扼杀弗拉明辣奇多吗？"他们会说："嗯，我们还能接到订单，所以现在还不是时候。"

在一个月的时间里，每个周六和周日，我的家人和其他一些家庭都这样做，直到夫妻店、7-11便利店、酒类商店和更大的超市开始大批上架弗拉明辣奇多产品。从一开始的几乎没什么生意，到后来订单从每周2 000美元增加到1万美元甚至更高，并且不断增加。

这仅仅是个开始。市场份额提高了，但我必须用我的远见和渴望克服对破产的恐惧，我通过个人的努力在南加州附近建立了一个客户群。我灵机一动，应该给所有想为新产品建立忠实客户群的公司赠送样品。这是我的想法，但公司不愿承担成本的费用。我又去找销售部的比尔，问他能不能先给我一百箱货。所有销售都有记录，因此他为我支付了产品的费用，然后登记下来，直到我有能力偿还他的钱。

我的下一站是拜访洛杉矶罗马天主教大主教管区的一位辅

理主教。我恭敬地问能否捐出十箱弗拉明辣奇多让他的教区居民在周日弥撒①后享用。

"捐?"他很惊讶。许多慈善捐赠食物,但通常不是来自最新的零食制造商。辅理主教对我连连道谢,他说他的教众中有很多人又穷又饿,他们可以吃到这些小吃一定很开心。辅理主教接过我递给他的袋子,品尝后立刻成了弗拉明辣奇多的粉丝。

此后,第一个星期天的弥撒结束后,我很高兴地看到和我生活状况差不多的那些人迫不及待地打开他们的弗拉明辣奇多,狼吞虎咽地吃下去,然后马上问(至少是那些偶尔能买得起零食的人),"我们还想吃的话要去哪儿能买到?"

辣椒的味道确实有一种温暖的效果,辣味可以让人感到心情愉悦兴奋,而糖的味道抵消了辣椒的味道,让你吃了还想吃。我们第一次这样做,以及后来在大主教管区的其他教堂也这样做的时候,我们会顺便询问附近还有哪些商店,然后再赶去这些地方填写订单。这一策略的受益者不仅仅是弗拉明辣奇多品牌和菲多利公司,还有所有的商店,它们的销售业绩也将得到提升。当时我还没有意识到,作为一名未来的高管,我正在为

---

① 感恩祭(mass),弥撒是天主教纪念耶稣牺牲的宗教仪式,是天主教祭献天主的大礼,是整个天主教礼仪生活的中心。

社区发展以及与零售伙伴的战略同盟开发一种模式，毕竟当时还没有人开这个先河。例如，如果一家慈善机构来到菲多利公司，要求为一个集资活动筹一笔经费，我会与当地销售我们产品的企业（如杂货店连锁店）合作，从我们的社区发展基金中拿出支票，并把它提供给那个企业，让他们通过在筹款会上购买一张桌子或张贴标牌来共同赞助活动或项目。为什么不传播善意呢？为什么不推动弗拉明辣品牌和其他百事公司品牌以及我们跨越社区的零售合作伙伴大家共同合作呢？

从我记事起，甚至在我最饥饿的时候，我也知道，还有人比我更饥饿、更贫穷，我可以把我的一部分食物分给他们。当我倾尽所有，为了拯救史上最棒的零食弗拉明辣奇多不会渐渐淡出人们的视线，所以我能理解那些在离开教堂的路上收到免费零食的家庭的惊讶和高兴。我很高兴能在洛杉矶四处走走，帮助宣传，建立客户群，并为那些连一袋弗拉明辣奇多都买不起的人免费提供一些零食。

我们这样坚持了一个月，在当地的商店引起了很大的反响。在菲多利公司的总部，没有人知道这种局面是怎么形成的——既没有营销资金，也没有广告。他们只知道，只要还有订单，他们就不能取消弗拉明辣奇多。至少现在还不能。

一天晚上，在和朱迪谈论我想接触的顾客时，她问我："谁是潜力最大的消费者呢？"

这很容易。"当然是家庭主妇了。"我回答。

她完全同意。大多数家庭的预算由母亲、妻子和职业女性制定及执行。如果你的预算有限，是什么原因促使优先选择辛辣的零食呢？显然，你必须喜欢这种零食，而且当你打开袋子时感觉就像在参加派对或其他特殊场合一样。

当我思考她提出的问题时，我想起了我们的一位朋友，她在当地的特百惠公司享有很高地位。当我打电话给她问她是否愿意在会议上使用免费产品时，她很兴奋。我送了她几箱弗拉明辣奇多，她迫不及待地告诉我，现场所有的女士是如何爱上弗拉明辣奇多的，并且都冲到当地的商店购买更多产品。通过口碑宣传，这些特百惠的女性——家庭主妇、妈妈和其他购物者成了免费的宣传员和销售员，向全国各地的同行宣传弗拉明辣奇多。

这种适应新情况的办法让我很受启发。就在几个月前，我还不知道市场份额意味着什么。在几个月的时间里，我为最终成为拉丁美洲品牌教父铺平了道路！

随着业务的增加，我们在工厂的工作时间确实增加了，我觉得这个阶段的艰难攀登结束了。但我大错特错。

尽管来自南加州拉丁裔社区的需求有所增加,但决策者似乎已经决定,试营销阶段进入尾声了。我又一次听说,有人说虽然这些数据看起来很有希望,但还不够好。在这段时间里,我一直避免向罗杰·恩里科或阿尔·凯里抱怨。但最后我不得不说些什么,好让他们明白,我们没有任何营销预算,而且我承诺过的重要消费者和市场份额确实实现了。几个小时后,一位高级营销主管来到洛杉矶和我一起工作。当我向他展示我在没有任何帮助的情况下所取得的成就时,他不屑一顾。他的反应带有非常强的种族主义。

"你是说菲多利公司不应当关心拉美文化和消费者吗?"我问道,我想改变情势,不希望弗拉明辣奇多被扼杀在摇篮里。

"当然不是。"他纠正我。他知道西班牙裔人口正在增长,他很重视这一新的客户群。但后来他给我看了一些数据。只有2%的零食业务是由拉丁裔消费者组成的。一种产品要想保持长期稳定的发展,我们必须争取其他98%的潜在消费者。

我豁然开朗,终于明白了。我没必要生气,也没必要把他的种族主义思想当成针对我个人。事实上,我很感激他。因为他给了我一个重要的信息。然后我告诉他我在拉丁裔街区做了什么，他不仅支持我，还说他会要求至少一笔适度的预算，这样我就可以继续做营销，而且也可以扩大规模把生意扩散到更多的消费者在其他人群里做。

事实就是这样。有了更多的钱和一个合法从事市场营销的机会，我在非裔美国人社区复制了之前我在社区的工作经验和工作方式。朱利叶斯鼓励并帮助我。我和我的家人又去了那些社区的商店，认识了店主和经理。然后我们开始在教堂礼拜后分发样品，几位黑人牧师成了我最好、最长久的朋友。我们向更多的特百惠公司和其他妇女组织捐赠了弗拉明辣奇多。

朱利叶斯和我曾经开玩笑说在弗拉明辣奇多出现之前，拉丁裔和非裔美国人就已经把辣椒酱放在玉米片上了。无论如何，一旦我们正式面向全国发行奇多，我们便会在各个领域都大受欢迎。我们没有向主流消费者介绍弗拉明辣奇多，而是让他们来到了我们这里，因为他们不想错过美国最受欢迎的新口味。

到了20世纪90年代初，弗拉明辣奇多正式成为菲多利公司系列品牌的主打产品，并逐渐成为一个年销售额数十亿美元的品牌。

不幸的是，这并不代表之前的诽谤者不会继续攻击我。我还有更多重要的教训需要学习。

到 1995 年，尽管困难重重，但弗拉明辣奇多不再有被丢弃的危险。尽管想要窃取我的成功果实的窃贼总是对我虎视眈眈，但我作为一个既有智慧有决策力的声望在不断提高。大多数时候，我都承认，更高级别的经理和高管们会憎恨我，因为我在成就以及可以接触到高级和高层管理人员方面的潜力超越了他们。我不能容忍的一件事是，我的种族让他们感到厌烦。事实是，系统性的种族主义非常猖獗，而且层出不穷，尽管通常只是在不敏感的评论中，而不是公然的诽谤。

其中有一位高管，他是一位顶尖的制作人，因为成功地运营了部门和产品的活动而备受尊敬，还因发表种族主义和性别歧视的言论而闻名。他误解了我对他的评论，并决定和我作对。这条评论是对他出色的工作表示赞美，但传来传去不知何故导致他以为我想要取代他的工作。事实并非如此，但这增加了他一直以来对我的忌惮。

这位顶尖制作人对旧的指挥和控制系统非常满意，到 20 世纪 90 年代中期，在罗杰·恩里科的领导和影响下，旧的指挥和控制系统已经发生了变化。那时，罗杰已经改变了许多在菲多利公司已经成为坏习惯的过时的经商方式。他削减了日常开支和运营成本，当然，并非所有人都喜欢这样的改变，他还纠正了经理们把太多经费花在自己的津贴上、而在培训项目和激励工作绩效方面投入不够的做法。整个公司共有1 700名员工被解雇，其中大多对公司没有贡献。在要求我们所有人都像老板一样行事之后，罗杰向那些留下的人保证，节省下来的钱不会被花在高管的工资上，而是用来为一线员工创造更多的工作时间和成长的机会。

像这位顶尖制作人一样的高管们都讨厌这种改革，并且，这让他更加讨厌我，因为他知道罗杰·恩里科会倾听我的发言并且信任我。然而，这对我来说还是个新闻，直到在达拉斯的一次会议上，我应邀参加了关于我们所有工厂采用新型机械的会议。因为我是撰写培训手册并监督培训的人，所以理所当然，我也会参加会议——展示新型的包装机器如何改善许多工厂的工作流程。

有一次，我看到这位顶尖制作人向我走来，他想和我谈谈。他把我拉到大型会议中心的走廊上，然后咆哮着对我大加指责，指责我把这件事搞砸了，把那件事忘了，还有："你以为自己是谁？"他说，"我不在乎你是墨西哥人还是罗杰·恩里科是墨西哥人……"大多数人都知道恩里科是意大利裔美国人，但我没有纠正他。相反，我只是看着他，没有流露出我的情绪。他怒斥我为了使产品线多样化所做的努力损害了他的利益。

他用手指着我的脸说:"我要让你的生活变得很悲惨,我说得出做得到!"里面还夹杂着一些污言秽语和脏话。

我没有做出对自己不利的反应(我本能地想打他一巴掌,但我控制住了我的拳头),而是在去百事公司纽约总部的途中,把这个问题交给了罗杰·恩里科。我很少向首席执行官抱怨高管的虐待行为。在我的世界里,人是不会告密的,即使是和你过不去的人。但我也是有底线的。

罗杰的建议是明智的。他说:"理查德,我可以拿起电话,打一个电话,他就会走了。"听起来不错,但罗杰继续说,"或者你可以自己来解决这个问题,我来告诉你怎么做。"

我决心自己处理这件事,我听取了罗杰给我的指导,这些指导可以同样适用于许多情况。他说,他学会主动改变自己,而不是尝试改变别人,这样他就不会让诋毁他的人打乱他的目标。早些时候,他说他已经学到了如何在不引发冲突的情况下处理问题,以免造成更多问题。当时有一种男性下班后去脱衣舞俱乐部的文化,他看到这种文化间接地影响了女性在工作中受到的待遇。罗杰没有禁止他们去,也没有咄咄逼人,批评他们,而是改变了自己,他宣布他将不再参加那些俱乐部的活动。

他开始提议下班后一起出去玩，去不涉及物化女性的场合。改变自己以及领导他人的方式对公司文化产生了连锁反应，公司开始提拔更多女性担任传统上由男性担任的职位。

我很清楚，那位顶尖制作人永远不会改变。如果我要改变，我必须做点什么，而不是让自己被羞辱。无论如何，我必须找到一种改变自己的方法，但仍然要勇敢地面对他——而不是依靠街头霸王的那一面。罗杰说他有理由让那位顶尖制作人离开。但如果我发出解雇他的信号，会有其他人同样凶狠地向我冲来。或者，罗杰建议说，"你可以自己解决这个问题。你可以让他道歉。你也可以去找人力资源部，让人力资源部帮你让得他向你道歉。但你要亲自提出这个要求。"

我从来没有去人力资源部抱怨过任何人。这本身就是一个巨大的飞跃。再者说，向当局举报某人，在我的家乡被视为一种很蹩脚的行为，被视为一种软弱。显然，我的这种态度是错误的。人力资源部门应该对投诉保密，并按规章平和地处理冲突。有时候你需要这样处理冲突。就我而言，这很有帮助，我需要做出改变，请求他们的干预。

事后我知道了从法律上讲，我本可以提出重大投诉甚至是诉讼的。但那不符合我的价值观。所以当我向人力资源部报告那位顶尖制作人时，我明确表示我不想让他被解雇；我只想要他道歉确保这种事不会再发生在我或其他人身上。他们把他派遣到加州，把他安置在一家酒店里，让他亲自向我表达他的歉意，但那时没有其他人在场，尤其是我希望见证这一场面的人。话虽如此，我和那位制作人之间后来再也没有问题了。而据我所知，他一般不会那么敌视他人。

如果罗杰打电话解雇了那位顶尖制作人，或者我通过人力资源部提起了法律诉讼，我可能会看到他受到应有的惩罚。但如果这样，将来我在这家公司也待不了多久了。即使是那位顶尖制作人做错了，我也会受到更多来自他人的指责。最终我会失败。

这就是为什么故事的结局是，有时候你必须先输掉一场战斗才能赢得战争。自从我打破常规，进入大企业，从清洁工、生产经理、社区发展经理、高管，再到后来百事公司的副总裁，许多不合理的系统就再也没有容身之地了。我就是这样取得胜利的。

这个世界上的顶级制作人们被派来给我们一个教训，这样我们就可以选择不像他们一样，在通往我们命运的道路上不被吓倒。只要有可能，我们可以选择欣赏顶级制作人们的能力，并为自己不是他们而感到高兴。

我学到的另一个教训是，不是每个人都想偷走属于你的成功。他们的行为也可能是出于其他动机。

每次我推销新产品时，我都清楚地知道，我听到的第一个用苏格兰口音叫嚷的人是 H 博士。

我觉得继续做我要做的事很安全——因为 H 博士不能解雇我。真正能解雇我的人是运营高级副总裁，我属于他的管辖范围。他和我之间不存在问题。从一开始，我们就很友好。后来我得知他决定退休了，猜猜谁会接替他？

如果你猜的是 H 博士，那你就猜对了。自此之后，我的解决办法是避开他，这并不是很困难，因为我在加利福尼亚，H 博士在德克萨斯。突然，我们的日程表上显示了他的来访。他从来没有去过库卡蒙加牧场，也没有什么理由让他想来，但现在他想来看看库卡蒙加牧场的工厂。

在 H 博士到达的前一天，我的上司找到我说："理查德，我们想给你几张电影票。明天请一天假，去看电影吧。"

"为什么？"我问。我从来没有无缘无故地得到过休假日或电影票。事情似乎有点可疑。

"嗯……"总监支支吾吾，然后告诉我 H. 博士要来，"我们不想他因为你而不愉快。"

我的回答很平和但坚定。"不，谢谢。我不会那么做的。我有工作要做。"

对话就这样结束了。第二天，H博士来了，我和他握手，欢迎他来到我们的工厂。没有发生争吵，大家似乎都松了一口气。

两个多月后，我受邀参加菲多利公司在达拉斯一家酒店举办的为期一周的大型销售会议。弗拉明辣奇多的销售做得非常好，但我没有参与该品牌的销售和营销，所以我不明白我为什么会受到邀请。

和工厂经理以及总监一起让我很紧张。当我到达的时候，很明显，整件事的负责人是H博士。奇怪的是，我认识的一些高管和研发人员邀请我到前排和他们坐在一起。

H博士走上台，直接与销售经理交谈，用微软公司的文稿演示软件向他们提供激励人们前进的实践和一些励志箴言，他希望他们能与自己的销售团队分享。他继续对销售经理说："我希望你告诉他们，他们可以做到这一点，超越之前的成功，这是可以做到的。但重要的是我要告诉你，有一件事我不希望你让他们做。我不希望你或你团队中的任何人创造任何新产品。"

他说这话的时候，我觉得我的胃绷紧了。我被带到这里来就是为了在这个大集会上被斥责的吗？

H博士继续说："我不希望你创造新产品的原因是你不知道如何去做。"这时他已经提高了分贝。

汗水开始从我脸上流下。我感觉我整个人都像要瘫倒在地板上一样。在这间会议室里，我猜他真正想要的"倾听者"只有一位。那就是我！

会议好像快要结束了，我向左边看去，看到一位年轻的营销主管，我以前偶尔会向他请教，他起身发言，没有麦克风，但声音非常大，"博士，我不同意你的观点！"

苏格兰人朝下看了看这位年轻的销售主管，鼻翼微微翕动。"然后呢？"

年轻人反驳道："你听说过一个叫理查德·蒙塔内兹的员工吗？"

H博士摇了摇头，几乎笑出声来。他回答说："我认识理查德。罗杰·恩里科每周给我寄来的数百封有关他的信件。我认识理查德·蒙塔内兹。他怎么样了？"

这位年轻的营销主管声嘶力竭地说："你知道，他发明了一种新产品。这样的想法怎么样？"

H 博士点点头，耸了耸肩，低头瞪着我。然后他转过身来看着身后的屏幕。突然间，它亮了起来，出现了一袋弗拉明辣奇多的图表。另一张幻灯片显示了最新数据，是全国各地的收入情况。人群里发出一阵喘息。这些数字是史诗级的！

我惊讶不已，过了一会儿我才意识到这一切都是计划好的。H 博士接着向我表示了最衷心的歉意。他说他错了，他很感激我以前没有听他的话，他还感谢那些他建议人家不要帮助我的人，因为他的建议他们根本没听进去。

屋里的人都哭了。人们开始用手帕擦眼泪。如果这还不够，H 博士还为我设立了一个奖项，他称之为"踢屁股奖"——因为，正如他用苏格兰口音说的，"你非常了不起[①]。"突然，一千多名参会者笑了起来，并开始欢呼。

在我上台领奖之前，H 博士脱掉了西装外套，露出了一件全新的弗拉明辣奇多 T 恤。他不得不对那些还被蒙在鼓里的人说出实情。他解释说："我做了一个错误的判断，试图阻止理查德，但谢天谢地，我没有成功。他教会了我们所有人一切皆有可能。"

---

① 你非常了不起（You kicked the Big Ass），英语俗语。直译有"踢屁股"的意思。

人们开始大声哭泣。他勉强保持冷静。我也不知所措。H博士把首席营销官和主管叫到台上，说："你们两个能上来一下吗？我需要你们扶着我。"

他的谦卑超乎我的想象。最后，他说："理查德·蒙塔内兹，到这里来。"

我慢慢地走上舞台。自从我在我家乡工厂为罗杰·恩里科做报告以来，已经有7年了。当我走过去领奖时，所有参会者都站了起来，每个人都哭着鼓掌。H博士给了我麦克风，我感谢他和在场的每一位。这一刻是超现实的、谦卑的、美妙的。

几年后，在H博士的退休派对上，我们合作了一些更有创意的产品和营销活动——包括一场让员工推销产品创意的竞赛——我和他进行了一次难忘的简短对话。他给了我一个热情的熊抱，并在我耳边轻声说："你是一个天使。你在我需要改变的时候走进了我的生活。谢谢你。"

就在那时，我意识到通过努力真的可以改变一个人。同样，你不需要改变每个人，只需要改变对的人。

虽然我说你应该注意那些想打倒你的对手发出的危险信号，但同时你应该保持冷静，而不给他们任何可能性的原因是，对负面的人或信息过于在乎将阻止你按自己的规则来，阻止你成为最好的自己。

这里有两种策略可以帮助你：第一，记住最好的报复就是成功。他们越恨你，你就越要实现梦想，在事业上获得成功，这样一来，他们对你的影响就越小。第二，原谅他们。这是我的精神教育理念教会我的。没有什么比在内心和精神上祝福一个不友善的人更强大的了。

以我的性格，我无法说这样做很容易，但你知道那句话吗，不要让不值得的人和事占据你的内心和灵魂？那些不把你的最大利益放在心上的人不值得你为他们花一分钟的时间。

你可能会认为，在弗拉明辣奇多被送上轨道后，我只是迈出了一小步，就进入了董事会。甚至可以这么说，舞台已经准备好了，但我还不知道怎么记住台词。

9 如何成为一名领导者

除了如何取得自己的"弗拉明辣"突破之外,我最常被问到的问题是——理查德,你是如何成为一位领导者的?

对于许多从初级职位晋升到重要职位甚至自己创业的人来说,这是一个关键问题:你如何推动自己进入大联盟,实现飞跃,成为真正的"弗拉明辣"明星?我的回答是,我们每个人都有不同的领导风格,这取决于我们的选择是否能给我们带来最大的成功。

我们都有领导的能力。没有人是天生的领导者,但我们都是为领导而生——领导某件事、某一个人或更多人。成就一个人的不是头衔;更确切地说,是人创造了头衔。这就是为什么,无论你处于何种官职等级,无论你失业,自主创业,还是受雇于一家公司或机构，当你对他人和自己的成功投入同样的精力时，领导力就会活跃起来。

你可能会想，作为一个领导者，我能为他人的成功带来什么？即使答案就在眼前，我们很多人还是会问这些问题。

我们都有潜力发出自己的声音，并以一种特定的方式使用它。

从你声音的力量开始。在所有重要的领导技能中，对我来说沟通是最重要的。我们把这称为领导力的第一课——强有力的沟通。这就是我爱上词源学的原因。研究词汇的过程就像慢慢打开历史、语言、文化和人类学的宝库。

你不必使用常春藤盟校学生用的词汇、时髦的俚语或吸引人的口头语——除非你觉得可以游刃有余地使用这些语言。重要的是，你要利用自己的声音和信念，选择能帮助你向他人描述你自己和前程的词语，而这些词语同样能激励他人。文字可以帮助你将你的创造性见解组织成可分享的信息。语言是大脑的秘密信使，帮助我们将自己的启示转化为现实。

例如，如果你是一个有伟大理想的人，但总是说，"我没有好运气"或"我没有任何可利用的关系"，你的意识就会倾听并在你的心灵深处烙下"我永远不能"和"我没有"之类的语言。你本来可以为自己创造机会，一旦你说它们不存在，它们就会消失。机会总是飘来飘去，喜欢徘徊在那些知道如何成就机会或成功的"巫师"身边。我发现在奇多上放辣椒酱之前，我常常大声说，我的机会就要来了，它即将来临，只是现在我还够不着。在有重大机会之前，只出现了微小的机会。即便如此，我还是非常自信地告诉自己，这一切就将要发生，它确实发生了。这种自我对话是一种学习技能。任何人都能做到。同样，作为一个想要授权他人的领导者，暗示"即将成功"的语言可以给团队带来更大的动力。你可以告诉团队成员，你期待他们更好地完成工作，你的发言会让他们用同样的方式自我鼓励。

根据我的经验，贫穷和文盲之间存在直接联系。我还发现，最快的增加财富的方式是提高文化水平。我所见过的最成功的、事业蒸蒸日上的领导者都是终身学习者、热情的倾听者和杰出的故事讲述者。他们通过阅读，观察自然，倾听各行各业的人诉说，以及好奇心和冒险精神来保持良好状态。

当我第一次克服之后看起来很可笑的恐惧时，我变得更善于问别人一个词或一个说法的意思。这反过来激发了更多的好奇心，让我对词源学产生了热情。某些单词的历史，它们的含义和派生意义，在某方面也反映着人类文明发展的历史。随着我的词汇量的增加，以及我对这些词汇使用率的提高，我和那些具有本应令我望而生畏的背景的人交谈时，感觉更加轻松了。

我很早就注意到的一件事是，一些诋毁、侮辱和其他类型的带贬义的词语可能会引发冲突。我年轻的时候，如果有人说带有攻击性词语的话，我会第一个反驳："这些话很有攻击性！"后来，当我开始更深入地探究词汇的演变时，我发现即使是专业语言的某些用法也具有贬低他人的含义，这让我感到不安。

20世纪80年代中期，更新菲多利公司培训手册的内容时就出现了这样的问题，我记得我曾与来自全国各地的顶尖工程师们讨论过这个问题，我被邀请加入他们，因为我对所有我曾经运行和修理的设备都很了解。他们都是受过大学教育的高级技能工程师，都是40多岁的白人，而我当时20多岁，拉丁裔，没有接受过正式的工程培训。我大部分的技术知识都是我父亲传授的，他是一个什么都能修理的人。当我们翻到介绍主从术语的章节时，我提出了反对意见。尽管含有贬义，但这些术语在多种机械甚至数字技术中仍然存在。基本上，用来控制一组其他设备的仪器被称为主设备，而被它控制的设备是从设备。目前，在科技界，主从控制器这个术语一直使用着，《连线》杂志最近的一篇文章指出，"几十年来，主控和从控这两个词在计算和其他技术领域里被广泛使用，作为一个过程或实体控制另一个过程或实体。有时候这个比喻就不那么准确了：'主'可能只是领导，作为主要资源，或者被优先考虑。"

多年来，和大规模生产有关系的术语一直困扰着我，也困扰着我团队中的其他成员，所以我觉得必须有人站出来说点什么。我们正准备继续前进时，我迅速地说："这一切都必须结束。我们不能讨论主从关系。"

房间里的每一个人都在辩解。其中一人说："这是一个完美的术语。我们已经使用了很多年了。这是我们基因的一部分。"

"这就是问题所在。"我反驳道。这是坏的基因。是时候改变了。这个词让许多人感到不快。后来，当我向为数不多的几位女性经理中的一位（她经常站在我这边）提及我的立场时，她表示同意。

我和工程师们反复讨论。他们不觉得有什么不妥。事实上，在那个时代，国际雇员称工厂为种植园[①]——这是另一个让人联想到奴隶制的词语。

这些工程师在技术上极具能力，智力上极具天赋，但他们

[①] 英语单词"plantation"（种植园）的词根是"plant"，"plant"的意思是"植物"，也可以指"工厂"。在美洲殖民地和美国、整个加勒比、美洲和欧洲占领的非洲地区，非洲奴隶劳工被广泛地安排在早期种植园（如烟草、大米、棉花和糖种植园）工作。——译者注

不习惯自己的学识和语言受到质疑。我小心翼翼地解释说，我们拥有多元化的员工队伍，而这种多样性始于每个人都能产生共鸣的基因。

这对我个人来说是一个突破——在一群最聪明的人面前坚持自己的观点，不但未被吓倒，还让他们考虑我的观点。他们让步，并同意更改术语。他们甚至不情愿地承认，这种改变早就该做出了。

如果你曾经想说些什么，或者你想更多地发出你的声音，我希望回想一下我学到的那些对我有过帮助的关于畅所欲言的领导经验。我花了很长时间才明白，在某个特定的时刻，我能说出的最有影响的话往往不是关于我自己的，而是关于一些有必要讲述的重要事情的。

有时候，作为一名领导者，你会觉得有必要接受一个挑战，而你最需要的语言就在那里。相信这一刻是对领导力的考验。诀窍就是准备好你的台词，为那一刻作好准备。

你可能还不知道，你的成功可以成为别人最大的幸福。过了很久我才领悟了领导力的第二课的含义，很多人把它称为以身作则。领导者只要展示出他们已经做到了什么，员工就会知道他们也可以做到。

20世纪90年代接近尾声的时候，我脑海里经常思考这方面的领导力。在菲多利公司工作了20多年后，我开始变得焦躁不安，并考虑离开这家公司。虽然我有过几次升职，但都没有获得应有的加薪或更多的福利。我感到也许是时候去一个有合理报酬的地方了。

朱迪更沮丧了。每当我用爬上山顶的岩石作比喻时，她都会说她对挑战有不同的看法。她的感觉是，每次我都要压制"不"和"你以为你是谁"的声音，那些上司会报复我：让我坐船出海，把我扔进水里，然后离开我，让我自己选择淹死或在狂风暴雨的大海里挣扎着游到岸上。朱迪会说："理查德，你一直想办法完成工作，但每次你一上岸，他们就又会把你放回船上，把你扔到更远的水里。当然你还是会游回来，你仍然在证明你能承受，但这样的重复已经够了。"

虽然去别的地方工作的想法没有吸引力，但也不能排除这个可能性。具有讽刺意味的是，在进入菲多利公司之前，我曾尝试在百事公司的主要竞争对手——可口可乐公司找到一份工作。他们拒绝了我，他们认为我无法掌握他们的生产技术。

20多年后，我听说许多首席执行官都在问："我的清洁工在哪儿？我的避免浪费的想法呢？培训手册呢？我的弗拉明辣奇多呢？"找一份新工作不会那么难。但在我的坚持中，每次当我被扔出小船，扔进大海，不知怎的，却让我想要更努力地战斗，更努力地游上岸，以证明自己。

也许我应该抱怨一下。在出乎意料地得到 H 博士的认可后，我确实期望得到晋升。而如果一切没有发生，我应该用自己的声音为自己说话，但我没有。这是我的错——因为史蒂夫·雷蒙德一定会听我的建议。

在罗杰·恩里科接替韦恩·卡洛威成为百事公司的首席执行官后，他让史蒂夫负责菲多利公司（后来出乎许多人意料的是，他成了百事公司的首席执行官）。罗杰曾尝试制定一些措施巩固百事公司业绩，包括支持早先收购的餐厅，削减不同部门的开支，以及在零食、饮料和餐厅之间形成更大的凝聚力。史蒂夫·雷蒙德是一位精力充沛的退役海军陆战队队员，在成功经营必胜客之后，他带着罗杰·恩里科对他的信任来到了菲多利公司。罗杰·恩里科曾说："史蒂夫是我所见过的最有效率的企业领导者。"

如果我去找过史蒂夫，就会知道原来他曾把我提拔到了管理职位，给了我更好的薪水和福利，还有晋升的机会。而负责给我新职位聘书的区域主管并未给我这个职位。主管来检查我的工作时，曾问我是否快乐——他被告知要确保我快乐。我的回答是："是的，我很高兴。一切都很好。"我完全不知道这样的回答会成为他阻止我接手新职位的借口。聘书一直留在他的公文包里。

这件事并没有传到史蒂夫·雷蒙德的耳中，他以为我很高兴，而且得到了应有的补偿。我并不知道我曾经与一个新职位擦肩而过，而且没有人告诉过我，因此我很容易就萌生了离开"母舰"的想法。即使我离开，也不会感到遗憾，因为多年来，公司的高管以非传统的方式教会我如何像高管一样思考和工作——我可以接触到公司里的任意一位高管。每当我要讨论一个项目或创新时，我都会听取商界一些最聪明的领导人的意见，包括在我任职期间百事公司的每一位首席执行官。这一切始于我给公司创始人唐·肯德尔（1971—1986年担任公司董事长）和韦恩·卡洛威（1986—1995年担任公司首席执行官）写信和提建议。我和菲多利公司的总裁兼首席执行官阿尔·凯里以及我的良师益友罗杰·恩里科也很亲近，恩里科在1995—2001年担任百事公司的首席执行官。这些年，我可以直接接触到罗杰，并从他那里获得领导奖。这个奖项百事公司每年只颁发给一名员工，以表彰对整个公司有重大影响、贡献并且具有领导能力和职业道德的人。在2001年罗杰离开百事公司时，情况也是如此。我向史蒂夫·雷蒙德汇报工作，从雷蒙德和他的继任者英德拉·努伊手中接过领导奖。努伊于2006年接任百事公司，并一直留在百事公司首席执行官，也曾授予我领导奖。这些有远见的人每一位都展现了他们非凡的领导力，关于他们对我的领导力之旅的贡献，我可以写一本书。

这些领导者都以自己的方式证明了一个事实：最能增强公司实力的方案和创新往往来自普通员工，甚至来自初级和基层员工。并不是每家企业或公司都认同这一理念，但那些认同这一理念的企业是最经久不衰的。有关解决问题的领导力，最著名的例子之一发生在索尼公司的基层。在iPod和iTunes出现之前，曾经有一段时间，索尼随身听设备主导了个人音乐播放行业。然而，当从磁带和光盘转向可从互联网下载的音乐文件时，索尼却错失了良机。苹果公司最先进入了这个新领域，把索尼甩在了后面。

一夜之间，索尼股价暴跌，如果不是领导层重视各部门的投入，索尼公司将一败涂地。原来，一位一线员工开发了一款游戏，并建议对他开发的游戏系统进行创新，这就是后来的游戏机（PlayStation）。今天，索尼游戏机已经推出了第五版，游戏机已经成为索尼公司利润的主要贡献者。

幸运的是，我曾为一些首席执行官工作过，他们为我树立了谦逊的榜样，他们相信领导者可以来自上层，也可以来自基层。正是由于这种开明的理念，使我有幸能够开发出自己的领导方式——使用在美国和世界各地的制造工厂和零售连锁店实施的系统，为我后来进入顶级企业管理硕士课程演讲大厅打开了大门。在一般情况下，清洁工和首席执行官不会有机会合作来改善高管向一线员工学习的方式，也不会有机会改善一线员工向高管学习的方式。

我与罗杰·恩里科的合作旨在赋予各级员工权力，这种合作给我机会去创建一个模型，让员工能够提醒管理层自己对公司的价值——这是一个我们可以使用的标准，可以量化并衡量员工的个人贡献。例如，记录每天我为公司节省了多少钱或赚了多少钱。我希望能够证明，如果我那天赚了300美元，我的工作时间所创造的产品将会有一个估值，并以同样的价格或者更高的价格出售。我的工作效率将有助于公司增加利润，而不是降低利润。

我的量化员工个人贡献的方法旨在让我和我的同事认识到自己的价值。当获得加薪和额外福利的时候，工会就会采用这些方法。这很好，但如果我们真的想让员工获得权利，我认为我们仍然应该就如何让每个员工的贡献带来整体利润的增长的问题进行沟通。

长期激励员工是思想开放的领导者面临的挑战，也是他们的责任——这是这个授权问题的另一面。把这个问题分解开来，我得出的结论是，基本上领导者可以分为两种——法老和拯救者。我们从圣经和历史中知道，法老俘虏人们，用武力挟持他们，要求自己成为优先被服侍的人。在法老的统治下，那些侍奉法老的人没有机会成长。你可以将法老视为任意数量的独裁统治者，他们奴役人民，按照自己的意志打造一切。一切看起来都像他们，一切都和他们有关。

相比之下，拯救者把自由和成长的信息传达给所有能听到信息的人，用振奋人心的语言交流，并采取优先服务他人的策略。拯救者帮助人们摆脱枷锁。拯救者不会被其他人的多样性或个性吓倒。他们更多地关心他人而不是自己。

我们很多人都知道，摩西是最初的拯救者，他要求法老："容我的百姓去！"他的话是每个伟大领袖应该发出的声音——他确保了他的人民朝着他们理想的方向前进。今天的信息提醒首席执行官们——容前线的工作人员带头。这个信息提醒教士成员——容教堂会众带头。它告诉我们的立法者——追随选民的脚步，让他们的选票发挥作用。

在和法老说话的时候，摩西必须小心谨慎，直截了当。虽然很少有人知道，但摩西确实有语言障碍。一些人将此解释为他有口吃的毛病，而另一些人则认为由于他身体残疾，所以说话变得很困难。正如《圣经》告诉我们的，当上帝第一次挑选摩西做拯救者时，摩西暗示他可能不是合适的人选。这是我们在《出埃及记》①第4章第10节学到的：

摩西对耶和华说："主啊，我素日不是能言的人，就是从你对仆人说话以后，也是这样。我本是拙口笨舌的。"

这显然没有改变上帝的心意，上帝让摩西不要担心，等时

---

① 《出埃及记》（Exodus）希腊语 Ἔξοδος；意为：出去；希伯来语：שְׁמוֹת；Shəmōṯ，意为："名"，正文开端的第二个字。"这是以色列人之子的名字" Hebrew：הלאו ואלה שמות בני ישראל)，是《妥拉》（Torah）和《希伯来圣经》（Hebrew Bible）中的《旧约》的第二本书。本书讲述以色列人在耶和华（上帝）的引领下离开在埃及为奴的故事。这段路程由以色列人的先知摩西带领通过荒野到西奈山前往耶和华（上帝）应许他们的国度——迦南地。在西奈山耶和华（上帝）颁布诫命、典章、律法及建造会幕的细节，代表着从那时候开始，耶和华（上帝）从此由天上降临在人间与人同在以及给予他们在进入应许之地的胜利和平安。《出埃及记》是摩西五经的第二本经书，传统学者认为本书的作者就是摩西本人。这本书提及摩西在三个不同的场合奉耶和华之命执笔作记录。耶稣及新约圣经的执笔者曾引述或提及《出埃及记》的经文逾100次。例如耶稣曾经说："摩西岂不是传律法给你们吗？"《出埃及记》原是《旧约》中最重要的一卷，讲述了希伯来人（犹太人）同古代埃及人之间的矛盾起源。——译者注

机成熟的时候，他会为摩西提供正确的话语——就从"容我的百姓去"开始。

在与你们分享我的领导理论时，我假设你们在生活和工作中遇到过法老，希望你们也能遇到拯救者。我希望你能选择拯救者的道路，并能让其他人获得自由，这样他们就能过上他们想要的生活。当你这样做的时候，请以摩西为榜样，并且明白你会在正确的时间得到正确的话语。

摩西作为领导者和激励者的工作并不容易。他不得不让所有人跟着他穿过沙漠。

当你不知道怎么表达你想说的话时，摩西教导你要依靠乐观的精神和激励（甚至"电气化"——让听众"通电"的能力）。"电流"还可以点燃你的想象力，给你使用的文字"增加通货"①。当你选择"是"的时候，实际上就可以成为乐观主义的能量导体。

拯救者指的是能够激励追随者并让他们认清自身能力的领导者。"电气化"（electrify）这个词可以指表演或演讲，定义如下：

充电，装备，使用电力，供应电力，放大……强烈地或突

---

① 在英语中，"流"（current）和"通货"（currency）都是以"curren"开头的。——译者注

然地激动……同义词：充电，使兴奋，使高兴，刺激，使麻醉，热切期望，使感到激动，使觉得痒，发动。

如果你有领导和"电气化"他人的能力这一想法对你来说感觉很荒谬，那么别忘了我们是从哪里开始讨论你的，以及你有多"弗拉明辣"。请相信，正如我以前必须学会的那样，当你需要恰当的词语时，它们就会出现。

作为一个致力于做正确的事的领导者，有时你不得不冒着名誉受损的风险来维护正确的事。我们可以把这作为领导力的第3课——带着信念和勇气行事。当时我收到了罗杰·恩里科的邀请，参加在达拉斯举行的年度股东大会——那里通常不会举行这种会议。这些事情发生在我考虑辞职的时候，参加会议本身并不是我渴望做的事情，但这一经历给我留下了深刻的印象。罗杰做事总是有原因的，当我赶到那里的时候，我了解到，他想邀请我参加晚宴，把我介绍给董事会的一些成员，并且希望我参加董事会议。

我想也许这是他让我了解如何治理公司方方面面的方式。股东大会那天，老实说，我觉得一些惯例程序有些无聊，但后来我发现罗杰想在董事列席的情况下给予我特别的认可。介绍我的时候，罗杰的话让我人吃一惊，他说："理查德·蒙塔内兹，请站起来。"然后他介绍我,并称我是"负责一切的副总裁",这番话赢得了热烈的掌声。他补充道:"我称他为副总裁,因为他的思维方式很像副总裁。"他继续赞扬了我,因为我把菲多利和百事公司的品牌人格化了,而且在第一线取得了许多成就,展现了领导能力。

罗杰的称赞对我来说意义重大,随着演讲和投票活动的结束,我发现了一件有趣的事情——从四面八方赶来向董事会提出问题和要求的股东们排成了长龙一样的队伍。

有一群修女对她们自己的投资非常满意——她们拥有超过10万股股票以备年迈时之用,她们只是想确保自己的钱在未来10年能继续以同样的速度增值。修女们对她们的投资没有任何疑问,所以公司的工作人员向修女们表示感谢,并向她们挥手告别。就董事会和高层管理人员必须对股东做出的热烈回应而言,整个过程让人大开眼界。就在演讲的最后,一位美国卡车司机工会的律师上台发言,他也购买了百事公司的股票。他说,他去那里不是代表卡车司机工会,而是代表所有股东。他对罗杰说,他的问题是:"我们知道,你去年把近100万美元的薪水作为一项奖学金捐了出去,给一线工人的孩子们提供帮助。但我想知道的是,你打算怎么处理剩下的薪酬。你还没有告诉我们你的股票期权或超过 100 万美元的年度奖金的计划……"

年轻人的语气变得充满敌意。罗杰听着，伸手去拿眼镜，想看清律师脸上的表情。我不知道接下来会发生什么，但我觉得这位先生是别有用心的。他接着说，正是像罗杰这样的首席执行官们占了美国工人的便宜。这激起了我的愤怒，因为罗杰·恩里科把自己的年薪捐给了工人家庭，他是一个英雄，他的事迹对其他首席执行官们具有不容忽视的影响，会促使首席执行官们决意解决公司内部的收入不平等问题。

这是我的指导者，而他刚刚遭到了野蛮的攻击。我对此感到愤怒，我咬紧牙关。就在这时，罗杰·恩里科清了清嗓子，他曾经有当演员的雄心，他有能力让一个房间"通电"，我曾多次目睹过。在这种情况下，他的声音稍微高于正常的说话声音，他说："你既没有提出问题，也没有提出要求。先生，你所持有的只是一种看法。我们可以随时讨论这个问题。但今天我们不打算这么做。"

这是经典的罗杰·恩里科式的"扔麦"[①]。每个人都沉默地坐

[①] "扔麦"（英语 mic drop），是指在表演或演讲结束之际故意摔掉或扔掉麦克风的举动，以此来引人瞩目。但这多是具有象征意义的，或是为了强调某一令人称奇的观点而表达的惊叹。——译者注

着。我感到应该说点儿什么才对。我必须为他说话。虽然这些话是即兴的。但我觉得这是我这辈子一直都在准备说的话。

我不知道我花了多长时间才走上讲台，但我必须把我的名字告诉秘书，她认识我，她抬起头问我："你要发言吗？"当听到我的名字时，罗杰也惊讶地抬起头来。

当我拿到麦克风时，我向每个人打招呼，感谢首席执行官早些时候对我的认可，并感谢股东们，允许我只占用他们一小会儿时间。"正如你们所听到的，我的名字是理查德·蒙塔内兹，我来自南加州，在菲多利的一家工厂担任PMO。"我停顿了一下，解释说PMO是包装机操作员。我接着说："对于那些不知道包装机操作员是干什么的人，就是他把碎片放进袋子里。"

每个人都笑着鼓掌。

"你们知道，"我继续说，"能够做这些，并且在这个工厂工作了20多年，对我来说是一种荣幸。我知道不是每个人都对我的工作印象深刻。我记得有人曾经说过我是包装机操作员。那个人对我说，'这不是火箭科学'[①]。"

房间里又静下来了。

[①] 在美国文化里"火箭科学"（英语 rocket science）作为一个俚语泛指一件需要用到极高的智商去做或理解的事情。——译者注

我继续向股东们讲述。"让我告诉你一些关于火箭科学的事情。"我就是这么对那个人说的。我问他,"你知道尼尔·阿姆斯特朗①是谁,对吧?"他说是的。我说,"你知道他去了月球,"他说是的。"好吧,"我对他说,"尼尔·阿姆斯特朗从未把碎片放进袋子里。"

所有人哄堂大笑。

对我来说,这样的反应已经足够了。"女士们,先生们,现在不是抛售股票的时候,因为身处基层的我告诉你们,我们已经作好准备,迎接创纪录的新一年。"

碰巧的是,菲多利公司总部的扩音器里播放着整个会议过程。3 000多名员工听到了尼尔·阿姆斯特朗从未把碎片放进袋子的那句话。整个园区的人都从他们的办公室里跑了出来——营销部门、销售部门、供应部门的工作人员,还有所有的研发人员。

---

① 尼尔·奥尔登·阿姆斯特朗(Neil Alden Armstrong,1930年8月5日-2012年8月25日),美国宇航员、试飞员、海军飞行员以及大学教授。在美国国家航空航天局服役时,阿姆斯特朗于1969年7月21日时成为了第一个踏上月球的宇航员,也是第一个在地球外星体上留下脚印的地球人,而其搭档巴兹·奥尔德林也成为了第二位登上月球后安全返回的人,两人在月球表面停留了两个半小时。——译者注

每个没有头衔或高职位的人都被赋予了权利，甚至可能被激励。作为一名领导者，我经历了一场"成人礼"。舞台已经准备好了，当我需要的时候，台词就在那里。那天，我想很多未来的拯救者也找到了自己的声音。

我很高兴和你们分享的秘密是，这是一个关于做正确的事情，并代表他人发言的时刻。如果做正确的事很不容易，并且你以前从未做过类似的事情——这将是革命性的。当你真的需要勇敢地说出自己的想法、坚定自己的立场时，你会惊讶地发现，你可以获得这样的语言、力量和机会。有时候，根据自己的信念采取行动的决定可能正是推动你成为一名真正领导者的那一刻。

不管接下来会发生什么，我得出的结论是，我已经表达了我的感激之情，现在是时候继续前进了。在这么大的公共平台上表达我的感激之情让我觉得我给自己在菲多利公司的工作生涯作了圆满的总结。因此，我接受了一家小型制造公司的邀请，期待着开启新的篇章。毕竟，这是领导者应该做的。

当我通知史蒂夫·雷蒙德时，他的第一个反应是事情肯定出了什么差错。"我们以为你很幸福？"他不知道我从未收到过新的工作聘书。史蒂夫告诉我，在他有时间和人力资源部门以及其他有另外工作提议的人商谈之前,不要对是否在其他地方工作作出最终决定。

最后,我决定不离开。他们一致决定任命我为经理,并设立了一个社区业务发展经理的职位——这在之前是不存在的,至少在菲多利公司是不存在的,然后他们又把我扔到海里,让我自己想办法再游回岸边。

这是一份礼物。我比以往任何时候都更像一个老板,而且不会遇到太多的负面反应。不仅如此,很明显,我的工作是帮助社区里的很多人。当我回到家告诉朱迪这个消息时,她松了一口气。"社区业务发展经理是做什么的?"她问。

"不知道,"我回答。我又想了想,然后解释:"我想该做什么就做什么。"

朱迪,作为领导者,她的话鼓舞和激励了我,并提醒我,"你会有新发现的。"

领导力的另一个没有得到应有关注的方面是领导力的第4课——为更大的利益工作,也就是我所说的做一名连接者。当创造机会,让自己、你的同事、你的公司以及其他公司和群体都受益时,你就是一个连接者。

作为一名连接者,是我作为领导者的生涯中最令我满意的部分之一。

大多数人似乎都认为作为业务发展经理，我的工作只是为当地的菲多利公司树立一个良好形象，并把钱捐献给社区中有需要的组织和教育机构。其实不是这样的。

我对社区商业发展的观点是在菲多利公司、社区组织和当地乃至全国零售商之间建立伙伴关系。我参加了一个社区的领导人会议，认识了一些贫穷的拉美裔和非裔美国人社区的社会活动家，这就形成了一种有机发展。他们的社区设有教育和扫盲项目，没有职业培训、扶贫工作、食品银行、儿童医院和其他社会慈善机构。菲多利公司已经为加州州立大学洛杉矶分校的一个项目拨付了大量资金，目的是设立教育奖学金，然后在我们的工厂和办公室为该项目的毕业生提供工作机会。为了管理这个项目，他们在校园里给了我一间办公室，可以在那里兼职。但我自己的盈利计划并没有实现。如果我只是把钱花在支付工资上，或者只是帮助社区和社区内的企业进行资金周转，并没能给公司带来更多的收入，那么就表示我在工作中还不够努力。

这时我突然想到，当地零售商（销售我们产品的商店）的许多员工都没有上过大学。我问自己，如果我们在大学校园为他们开设培训课程，让他们掌握基本的商业技能，比如，一个为期 8 周的课程，涵盖市场营销、会计等，最后颁发证书，那会怎样？店主和经理们都很喜欢这个想法。我们投资并丰富了由社区教育或职业培训组织服务的学生的生活，投资并培训零售员工和商店本身。因此，我们希望通过投资能增加货架空间，并出售更多产品，这是合乎逻辑的。

我衡量我的工作是否成功的标准是学生的入学率和就业率的上升，零售商的业务的增长，以及这些社区的销售额的增加。增量，就像我一开始学到的，意味着销售数字一点一点稳步上升。每周保持同等的收入水平并不是一种可持续的商业模式。我们寻求逐步增长。这对我们增加利润有好处。我传达这种新模式的方式是将其分为 3 个阶段：社会慈善事业；社区发展；零售激活。

假设你是救世军[①]，你正在为一个设施建造一个新的侧翼。我们不会直接给你 10 万美元作为你的建筑基金，也不会让我们的名字出现在你的筹款晚会的横幅上，我们会和当地的 Food 4

---

① 救世军（英语 The Salvation Army），福音宣教、社会服务与教育等工作主要由救世军中的全职军官和其聘请的从业人员负责，其军兵亦会利用余暇，在其中参与事奉。救世军及其下属的组织基本上不会涉及任何国家的政治政策，而其成员亦无种族之分，故在世界各地可与其他国际救援机构和政府合作。——译者注

Less① 合作，让他们把钱捐给你。他们还将从救世军的其他支持者那里获得广告权，以帮助当地生意的发展。我们还将与救世军的领导层合作，以我们的专业知识，协助他们更好地利用这笔钱。所以社会慈善是在为一个公益事业作贡献，而社区发展是在帮助这一事业最大限度地利用他们的资源，零售活动则是我们的合作伙伴 Food 4 Less 以更低的价格出售食品，扩大他们对我们产品的库存。我们的 10 万美元将产生数百万的增量销售额。

针对我们的零售合作伙伴我的推广方式是投资他们的生计和教育，以及他们孩子的教育。如果我们的竞争对手也这么做，或者做得更多，我愿意在商店里给竞争对手更多的销售空间。但如果我们的产品具有影响力，而他们不这么做的话，我会占据原本属于他们的商品的销售空间。

许多这样的战略联盟在后来的岁月里变得司空见惯。当我

---

① Food 4 Less 是几家连锁杂货店的名字，其中最大的一家目前归克罗格所有。这是一家朴实无华的杂货店，顾客在收银台自行包装食品。克罗格在芝加哥都市区（伊利诺斯州和印第安纳州）和南加州经营 Food 4 Less 商店。克罗格在加州北部和中部以食品公司的名义经营他们的商店，因为他们在这些地区没有 Food 4 Less 的授权。其他州，如内华达州，以前也有克罗格旗下的 Food 4 Less 商店。——译者注

在我的街区尝试结成战略联盟时，它们是革命性的。我开创的工作方式非常成功，被复制应用于全国 9 个地区，创造了 9 个和我一样的经理职位。

在你的领导之旅中，当你选择充当一个连接者，你就能收获丰厚的回报。不知何故我被称为西班牙裔营销（和品牌）教父，当然能够获得认可真是太棒了。2003 年，当我在德莱门多（Telemundo，西班牙语有线电视网络）的午餐会上发言时，主持人就这样介绍我的。这个称号后来流传开来。

我与多年来激励我的拉丁社区的其他领导人建立联系，庆祝我们成为我们国家重要的经济力量，这是令人兴奋的。没有多少人知道我是从一个看门人开始的，尽管我始终自豪地讲述我贫穷的出身。

最后，在 2005 年，毫无疑问，由于我的声望不断上升，我终于被提拔为百事公司的副总裁。多亏了负责百事可乐销售和市场营销的阿尔·凯里，我才被带到百事公司，与百事可乐品牌（以及所有百事公司的饮料品牌）的全国营销主管一起工作，做我在菲多利公司所做的事情。

这是我从事过的最具挑战性的工作，也是最有趣的工作。困难之处在于，不像菲多利公司那样没有真正的竞争对手，百事可乐品牌在许多市场仍然排名第二，甚至在一些市场的排名没有达到第二。这意味着市场营销和几乎不得不发起一场秘密的行动来传达饮用我们的饮料有多"弗拉明辣"——这个基础要建立在我们多样化的消费者身上。不是通过广告，而是作为一个连接者，通过制定创造财富的策略与社区相接。

一个领导者如何激励一个品牌发展，制定创造财富的战略？我做的第一件事是召集我的实地主管，他们负责有色人种社区零售商的销售，我们安排了面对面的访问。零售商喜欢这种老式的敲门方式。他们甚至从来没有见过他们的地区销售主管。我们与零售商和他们认为需要帮助的社区组织建立了伙伴关系。我们所取得的成就大多来自交谈——谈论和倾听他们的需求和愿望。

尽管我曾经质疑过头衔或高级职位的重要性，但我还是为成为第一个获得高管职位的拉丁裔员工而感到自豪。我现在可以说，我真的从贫民区一路走到了董事会会议室。

2012年，美国拉丁裔媒体艺术基金会（ALMA）为我颁发了一个奖项，以表彰我是一个积极的榜样，并鼓励美国企业加强与不同社区的联系，以及我与La Raza（西班牙语"种族"——在历史上被用来代表说西班牙语的人群）全国委员会（现在称为 UnidosUS[①]）的合作，为拉丁美洲人日益增强的市场影响力获得更大的承认。

在阿尔·凯里的陪同下，我参加了美国拉丁裔媒体艺术基金会颁奖典礼。坐在台下，我不禁笑了起来，回想起很久以前我打破常规向他做自我介绍，到如今我已经走了这么远。现在我们坐在一辆豪华轿车里，穿着燕尾服去参加一个众星云集的活动，我感到很荣幸。

还记得我的同事嘲笑我的穿衣方式比我的职位高吗？我告诉他们，升级衣柜是我成为未来自己的一种练习。你能预测现在我会穿着燕尾服坐在豪华轿车里，和首席执行官一起去领奖吗？这再一次证明了你的未来如何是由你的勇气来决定的。

颁奖典礼结束后不久，《人物》杂志刊登了一张我在红毯上的照片，并配文："百事公司的拉丁裔顶级高管蒙塔内兹已受邀在《财富》100强公司演讲并启动'拉美裔传统月'活动，其参加演讲的公司包括沃尔玛公司和克罗格公司[②]。"

---

① UnidosUS 是美国最大的拉丁裔非营利组织，前身为拉拉扎全国委员会。它提倡渐进式的公共政策改革，包括移民改革，为非法移民提供获得公民身份的途径，以及减少被驱逐出境。——译者注
② 克罗格公司（Kroger's）成立于1889年，以经营生活日用杂货，经过不懈努力，克罗格把自己的公司从以经营小型杂货店为主发展到经营超级市场。——译者注

几乎是在同一时间，我收到了一封来自通信办公室的充满愤怒的电子邮件，指责我的头衔不真实。

"请注意，"我解释，"我没有告诉《人物》杂志要写些什么。"老实说，我当时的确是拉丁裔顶级高管，但我不想争辩。合理的解释是，他们只想把这个荣誉留给别人。

我坐在那里看了整整两分钟，然后就把这件事情放下了。阿尔·凯里笑了，他也觉得这不是一个值得关注的问题。朱利叶斯·麦基是我最早的指导者，他从来没有得到过应得的评价，但他为我的成功感到高兴。

在学习成为一名领导者的过程中，我也有过一些尴尬的时刻。很多次我不得不问朱利叶斯该如何准备我不熟悉的贵宾活动。他会为我提供各种建议，从得体的着装和礼仪到如何在被邀请到白宫的时候举止得体。在白宫，我面见过从乔治·赫伯特·沃克·布什到贝拉克·奥巴马的每一位总统，还有副总统、参议员、国会代表、州长、市长和市议会成员。

有时，不做事先准备反倒对我有利。比如，首席执行官第一次邀请我去纽约拍摄商业照片，然后从那里飞往华盛顿特区，到白宫参加布什总统和第一夫人芭芭拉·布什主持的国宴。最让我紧张的是第一次乘坐公司的飞机。那时候我还没有手机，所以我不能打电话给任何人寻求建议。在机场,当我到达私人飞机停靠区时,没有人告诉我该如何托运我的行李箱——因此,我带着一个很大的行李箱上了飞机。空乘人员什么也没说,我就把行李箱留在了身边。因为我第一个到达,就在靠近前面的座位上坐了下来。

当几位高管登上飞机时,我注意到他们都没有带行李。他们每个人都看到了我选的座位,并用奇怪的眼神看了我一眼,然后只是说,"你好,理查德,很高兴见到你。"也有人说,"哦,你坐在前座。"就好像我是那个坐在副驾驶座[①]上的人。

没有人站出来告诉我我坐在了首席执行官的位置。首席执行官来了,他热情地跟我打招呼,然后走到靠后的一个座位上坐了下来。之后终于有人提出要把我的行李搬到他们放行李的地方。

很久以后,人力资源副总裁好心地告诉我,私人飞机的前排座位是留给首席执行官或飞机上最高级别的高管的。当时出于对我的尊重,没人说什么,但我需要知道礼仪。

当我向朱迪报告我的无知时,她提醒我这个错误是一种幸运,因为下次我会更清楚。她怎么能那么肯定我会有下一次乘坐私人

[①] 对于一趟多乘客的旅行,坐在副驾驶座肯定是一个人在车里最理想的位置,比坐在后座的乘客有更多伸腿的空间和更好的视野。——译者注

飞机的机会呢？我心想，她看着我，好像在说，"我说错了吗？"

我的第一次白宫之行令人难忘。乔治·赫伯特·沃克·布什总统和蔼可亲，他很接地气，还讲了一些幽默的笑话。第一夫人芭芭拉·布什浑身洋溢着热情并有很强的领导力。我在那里的所有时间都在努力去记住每一个细节，这样我回家后就能和朱迪还有孩子们分享了。晚宴前在玫瑰园①举行的一次聚会上，我抓起一叠优雅的印有白宫标志的餐巾纸，装出要擦脸上汗水的样子；然后，我快速把它们放进口袋里准备带回家给家人看。

在随后的会见中——与比尔·克林顿总统、乔治·沃克·布什总统和贝拉克·奥巴马总统——我感到越来越放松，反正我又不去竞选国家总统。但是谁知道呢。毕竟，为什么不呢？

在其他几次访问中，我又忍不住从浴室拿了一条毛巾带回了家，向我的同事、朋友和家人证明我真的去过白宫。虽然我很不好意思承认自己偷窃了这些毛巾，但我听说这是很常见的事情，因为白宫工作人员其实专门为客人准备了毛巾，允许他

---

① 白宫玫瑰园（White House Rose Garden），是美国华盛顿哥伦比亚特区白宫椭圆形办公室和白宫西厢办公室边上的一个花园。由于靠近白宫，玫瑰园通常被白宫用作接待媒体的场所。在美国总统伍德罗·威尔逊的妻子爱伦·艾克森·威尔逊的支持下，白宫玫瑰园于1913年建立。——译者注

们悄悄带回家。

我上次访问白宫是在奥巴马总统的第二任期，我很高兴带着朱迪一起去，我不得不说，她在那里，眼睛闪闪发亮的样子看起来美极了，甚至令人敬畏。作为两个来自贫民区的孩子，我们已经摆脱了贫困，实现了美国梦——在这一点上我们与奥巴马夫妇没有什么不同。

那天晚上，我成为了历史上第一个在白宫蓝厅①吃弗拉明辣奇多的人。

也许你认为你在生活中可以很容易地体验我和我家人所享受的一切，那就开始你作为领导者的冒险之旅吧。如果不是这样，如果你担心自己的处境，或者如果你对领导者需要做什么感到犹豫，也许你可以去找一位领导者，告诉你他是如何做到的。生活中总有希望，总有新想法，总有新的一天来揭示真相。

我希望能够鼓励、激励并提醒你们，我从来没有觉得自己具有领导才能，但我知道实际上每个人都完全具备这种才能。快速来回顾一下：

---

① 蓝厅（Blue Room），因为肯尼迪总统夫人把白色墙壁改饰成蓝色而得名。窗帷是蓝色的，座椅靠背和座垫是蓝色的，窗外的天空也是蓝色的。厅内有一块 19 世纪的中国地毯，7 把法国镀金椅子，一对 19 世纪路易十六时代的镀金桌子。还陈列有几幅美国早期总统及其夫人的画像。——译者注

- 当你为他人的利益工作，用你的语言和声音代表他们时，你可以在任何阶段成为领导者，即使在基层。
- 你的成功会带给他人成功。与他人分享你的成功历程，以你为榜样祝福那个人。
- 当你作为领导者时，让"弗拉明辣"热情奔放，大胆地让那些需要刺激的人感到兴奋，与他们分享你的部分能量。
- 当你选择为他人的成功投入精力时，当你觉得自己没有得到应有的报酬或晋升机会时，也要记住，说出自己的想法也很重要。
- 通过帮助你周围的人并使他们更自信选择你成为领导者。
- 寻找机会在工作中、在你的街区、在你的社区充当连接者。你能如何为更大的利益服务？
- 走领导者之路，看看它能把你带到哪里，能走多远，一定要让别人和你一起。

如果我内心深处没有信念，我不可能将一个发现变成一场革命。让我快速补充一点，如果没有我生命中最重要的领袖——我的妻子朱迪，一切都不可能完成。

10 相信你有伟大之处

不管多重要的信息不管你听了多少次，在你准备好理解之前，这些话在你耳朵里就像静电噪声一样。当你准备好了，这些话对你来说就会像第一次听到"哈利路亚大合唱[①]"一样令你突然醒悟。

我最想告诉你的是：你注定成就伟业。一旦你相信自己有伟大之处，这种心态将激发你的创造力和灵感。不管你有多渴望、多热情、多有目标、多努力，如果你不相信自己会成为伟大的人——如果你相信生活从来就不是公平的，或者你没有天

[①] 哈利路亚是希伯来语，中文意思是赞美耶和华（英语 Praise the Lord）。"哈利路"在希伯来语中是"赞美"的意思，而"亚"是"耶和华"的简称。哈利路亚即为你们要赞美耶和华。《哈利路亚大合唱》（Hallelujah Chorus）选自亨德尔的神剧《弥赛亚》，属于清唱剧。其歌词全部节选自《圣经》。——译者注

赋，甚至不是很聪明——毫无疑问，你不会成功。

你如何学会相信？有时候你必须像我们之前说的那样回到你的过去，从而知道你的未来。我敢打赌，当你审视人生旅途中的关键时刻时，你可能没有给自己应得的赞扬。也许在回顾的时候，你会认想起你曾经以某种形式或某种方式达到过目标，你现在也可以选择用这些方式来认识你内在的伟大。

希望在你看到自己的潜力之前，你的家人和爱人已经看到了你的价值并相信你。这就是我的故事。我和朱迪第一次见面时，我只有14岁。她很漂亮，洋溢着青春的气息，她的微笑照亮了整个房间，而我则是个问题青年。我们俩都来自贫民区，但她在贫民区条件稍好一点的地方长大。我们并没有太多的时间去真正了解彼此，因为就在那段时间，我经常因为逃学被逮捕，接着被押往少管所。每次我从看管所出来，或者外出冒险时，我们都会在各处的聚会上遇到，一起谈论音乐或汽车。我喜欢老爷车，因为我爸爸能修理任何东西，我曾吹嘘将来有一天我会拥有很酷的低底盘车和哈雷车（现在我已经实现了梦想，我有不少精心定制的老爷车和跑车，还有我的哈雷车）。

从我们认识开始，朱迪美妙的笑声就常伴着我，她认为我很有趣。她也很有趣，虽然我知道她比我聪明得多，但她似乎把所有事情都看得很平常。后来我发现,她在家里的处境也不好,她想摆脱贫困和混乱的环境,从生活中获得比当时更多的东西。

17岁的时候,我又回到了贫民区,决心不再做问题青年,我再次遇到了朱迪,她已经亭亭玉立。她就在我面前,为什么还要四处寻找呢?当我们搬到一起,朱迪怀上了我们的第一个孩子时,我们靠自己勉强生存了下来。我的战斗还没有结束,我要为家庭继续努力。

我们并不曾计划每6年生一个男孩,但孩子是我们的福气,因为我们的每个儿子都带来了新的生活气象。小理查德是我们的第一个孩子,得到了"福星"的绰号,以此来纪念我的父亲,他的名字是卢西安诺——像福星卢西安诺[①]一样。

有趣的是,很多年来,我的父亲一直无法表达出对我的爱和自豪,但孙子的出生改变了一切。

我父亲对孙子的出生感到特别高兴,也许因为他可以为自

---

① 查理·卢西安诺(Charlie 'Lucky' Luciano, 1898—1962),美国知名罪犯、黑帮大哥(被称为"美国现代有组织犯罪之父")、娱乐界大亨,意大利裔美国人,江湖绰号为"福星卢西安诺",美国芝加哥地下市长阿尔·卡彭是他表弟;卢西安诺带领一名意大利友人、两名犹太人会计师,四人共同创造了沙漠奇迹拉斯维加斯。——译者注

己的孙子做一些没能为他的儿子做的事情。我永远不会忘记，有一天，当我还在为一个有十几岁孩子的家庭的未来而努力时，我的父亲来看望孙子，并对我说："儿子，我从来不用为你担心。"他停顿了一下，对我说了一些他从未说过的话，"我爱你，Ricardo（理查德西班牙语）。"

两年后，当我在菲多利公司找到了一份清洁工的工作时，我的父亲和祖父是第一个听到这个消息的人，他们的智慧仍然是就能得到的最重要的指导，我也计划将之作为一份遗产传给我的孩子和孙子们。当你把地板擦得锃亮，所有看到的人都知道是蒙塔内兹干的，这时你就成了你生活的主人。当你为自己的名字而工作时——不是为你的老板，不是为你的薪水——你就在领导你自己的财富革命。

直到今天，我的3个孩子和5个孙子都继承了蒙塔内兹这个姓氏。毫无疑问，这对我来说至关重要。直到我有了第2个儿子——史蒂文，我才开始相信我有能力为我们的家庭创造想要的生活。在那之前，我只是一名清洁工，努力想要找到自己的路。

那种认为自己也有伟大之处的想法在我看来是遥不可及的。在我生命的大部分时间里，贫穷是现实。许多没有过这种经历的人也许会感到疑惑,但当你出生在贫困家庭时,它可能会成为一代人的诅咒。对于养育我的家庭来说,过去一百年来,父母两方的每一代人都生活在贫困里。

在我的原生家庭,我的父母教导我如何在贫困中生存。我知道了福利办公室在哪,如何申请食品券,以及延期交水电费的最佳方法。但没有人教过我如何脱贫。没有人教我去哪里申请上大学,如何获得借书证,如何查找脱贫信息。没有人告诉我,人人都有企业家精神,如果我有意愿创业,我们可以向小企业管理局申请商业贷款。

我相信各种形式的帮助,无论是来自政府的还是私人的。事实上,作为一个摆脱贫困并获得财富的人,我很乐意交税,以确保社会有一张安全网,防止人们跌至贫困线以下。政府和个人仍然可以在各个方面开展更多工作,帮助贫困的人获得成功。我们必须停止把未成年人和成年人关进监狱的做法,因为他们真正需要的是文化课和职业培训。作为一个活生生的例子,我可以很确定地说人不应该因为来自糟糕的环境而被判定为坏人。这些人也需要得到帮助。

在提出自己的脱贫计划之前,我发现富人和穷人拥有截然不同的梦想。一般来说,穷人都梦想有钱。富人梦想有物质财富。而富有的人常常是那些梦想自己有想法的人。

当我和朱迪为人父母时，我就明白了这一切。有一天晚上，我们带着7岁的福星，还有不到两岁的史蒂文，准备去另一个街区玩"不给糖就捣蛋"①，那里的房子更大，能够得到更好、更多的糖果。我们出发了，我想起了小时候我也经常去镇上的富人区玩"不给糖就捣蛋"的游戏。我们必须穿过铁轨才能到达那里，如果想得到更好的糖果，你就必须这样做。我们挨家挨户地敲门，同时我往里面窥视，想怎么才能拥有这样的房子？而贫穷会回答我，说我不够好，不够聪明，不配有朝一日拥有那样的房子。

当朱迪和我带着儿子们出发去玩"不给糖就捣蛋"的游戏时，我们生活在城市的另一边，要穿过城镇，才能走到更好的街区。孩子们就会明白，如果他们只是单纯地为了生存而生活，他们就不会拥有在更好的街区看到的他们想要的东西。我明白了。为了摆脱贫困，我必须规划我梦想中的生活，并创造机会实现梦想。现在是时候制定逃离计划了：离开"不足之地"，下一步先旅行到"勉强满足之地"，然后到达一个富足的乐土。

---

① 不给糖就捣乱（Trick or Treat），是万圣夜的主要活动，小孩装扮成各种恐怖的人物，逐门逐户按响邻居的门铃，索要糖果。——译者注

我们的财富革命始于我脑海中的计划。当我在工作中学会像老板一样做事时，我开始了让我的家庭摆脱贫困的伟大历程。记住，你可以从一无所有变成拥有一切。

然而当时，我并没有真正相信我所希望的事情会发生。我心里还有一些不想承担责任的念头，不想长大。

大约在同时，朱迪开始参加当地的教会，并开始为自己做出不同的选择。她精神上的成长是为了她自己，她从不要求我走同样的道路。她很少对我有评判性的陈述。直到有一天晚上，我和一个朋友吵了一架，朱迪平静地同时用最深情的方式告诉我，我该长大了。

她说了很多话，她想让我明白的是——你有能力做得更好。

朱迪告诉我还有很多事情等着我去做。她说话时充满了爱，而且总是向我表达一种强烈的意念："理查德，你和其他人不一样；我了解你。"然后读了一段《圣经·箴言》。内容是："你看见办事殷勤的人了吗？他必站在君王面前，必不站在下贱人面前。"

朱迪说，她能看到我走进那些我们从未想象过的大门，走进神圣的大厅，我将和那些来自高层的人坐在一起，他们会向我讨教。她鼓舞人心的话起作用了。在那之后不久，我也开始去教堂，并开始精神觉醒。

朱迪看到后告诉我，朱利叶斯认为我是一颗未经雕琢的钻石，我的父亲和祖父也这么认为。然而，直到我开始跟随厄尼牧师在我们那个地区的一个大教堂做礼拜，我才知道他们想对我说什么。这个教堂吸引人的是提供的教育课程并非全是强调圣经或宗教，这让我更愿意接受。直至厄尼牧师开始以老师和朋友的身份同我一起讨论，我才摆脱了22年的羞耻感和包袱，接受他的信仰。

在我们第二次见面时，厄尼牧师告诉我："理查德，我在你身上看到了伟大。"说完，他把我写的读书报告还给了我，我低头看了看报告，令我吃惊的是，在报告最上面，有一个用墨水写的大大的A。我平生第一次得到了A。接着厄居牧师又对我说："你有一种优秀的精神。"

这让我深受感动。因为我知道这是真的。我在工作中追求卓越已经证明了这一点。所以那时我觉得也许我真的可以有一些伟大之处。

厄尼牧师继续给我布置作业，给我推荐了一些他认为我会感兴趣的书籍。这增加了我的信心——这是一个值得学习的词：

信心（confidence），指对另一个人的善意、诚实等的保证或信念，源自古法语"confidence"或直接源自拉丁语"confidentia"，意思是"坚定地相信别人，大胆。"从15世纪中期开始意为"依靠自己的力量、资源或环境，自信"。"命题或断言的确定性，对事实的确定性"这个意思起源于16世纪50年代。"秘密的、私人的交流"这个意思出自16世纪90年代。

当时发生了两件事。首先，为了孩子和自己，我开始努力培养自信。如果我能树立一个自信的榜样，就注定会有一番成就，孩子们也会有一个榜样。同时我得出了一个结论，我们的任务不是去寻找那些能让我们变得伟大的人，而是去寻找那些能帮助我们实现内在伟大的人。

像老板一样表现帮助我展示了我的信念。这是我学习"相信你很成功，直到你真的成功为止"的方式。请注意，我没说"假装你很成功，直到你真的成功为止"。为什么？因为"假装"意味着你不相信你会成功，你只是在欺骗自己和别人。"相信你很成功，直到你真的成功为止"的前提是，你相信自己注定会成为伟大的人，并坚信那些让你与众不同的品质还没有展现出来。"相信你很成功，直到你真的成功为止"可以减轻你的压力。

从出生起，伟大就在你体内。这是你真正的财富，你的遗产，你的命运。你的任务是珍视它，并采取正确的、勇敢的行动来展现它。

我决定在2019年底前从百事公司退休。这个决定并不难作出，很大程度上是因为我的多数指导者和拥护者都已经离开了。2016年6月1日，我收到消息，罗杰·恩里科在开曼群岛潜水时心脏病发作。这是他第二次发病。第一次比较轻，只是迫使他戒掉了烟。但他并没有从第二次心脏病发作中恢复过来。他当时只有71岁——以今天的标准来看还很年轻。他的死对我来说是毁灭性的打击。我的父亲也以同样的方式突然去世了，随着他们两人的离去，我有一种巨大的空虚感。以前我随时可以给罗杰打电话，罗杰对我的最新想法的反馈是非常重要的。我记得罗杰曾一度对是否继续"掌舵"百事公司犹豫不决。他真正热爱的是指导，他热爱指导他人获得进步。

我已经意识到，总有一天我会准备好专注于自己的公司，并把自己作为指导者的影响力扩大——把我从优秀的人身上学到的经验传授给我公司的人，这些优秀的人曾帮助我激发了我内心的伟大。

最后，如果我没有把英德拉·努伊的成就包括进来，我所分享的例子就不完整了。英德拉·努伊不仅是百事公司历史上第一位女性首席执行官，而且作为印度的移民，她也是百事公司第一位亲身体验全球化对全球新市场的影响的首席执行官。与她的前任不同，她从亲身经历中理解了多样性，并在推动公司前进的过程中进行了总结。

无论在智力上还是精神上，英德拉教会了我如何作出公正的决定。她很坚强，但很低调。在她任职的早期发生过一件事，是关于一次海外旅行——我们的首席执行官和随行人员定期前往较远的零售店视察，通常需要坐好几个小时的车。据说，在她登上一辆面包车时，她的手指被一扇门夹住了，但她把门推开，说自己没事。那天剩下的时间里，她一声没吭。但那天晚上回到酒店后，她才意识到自己的疼痛太严重了，去当地一家医院的急诊室治疗时被告知手指已骨折。如果是我，我不确定自己能坚持一整天。

英德拉非常果断——她彻底改革了产品线，以生产更有利于健康的产品。但同时英德拉是一位了不起的倾听者，她让每个人都觉得自己的声音是有价值和重要的。她有辨别他人天赋的能力。

她来百事公司不久，我就开始写一系列鼓舞人心的电子邮件，发给我们公司的大约10万名员工，以及我自己列出的名单上的我们的战略合作伙伴。总有一两个人写信给我说:"请把我从名单上删除。"

大多数人都喜欢我的邮件,尤其是英德拉。"哦,理查德,"她告诉我,"虽然你会成千上万的人写邮件,但我总觉得你的信息是写给我的,是我需要听到的。"

在2007—2008年金融银行业崩溃引发大衰退①期间,恐惧的连锁反应把每个人都吓坏了。我发送了一封主题是弹性(Resillience)的邮件。在这封邮件中,我谈到了韧性作为一种宝贵品质的价值,包括对组织和个人。我深入研究了这个词的渊源,讲它是如何用来描述恢复到最初状态的能力的。弹性曾经是一个科学术语,因为人们发现每件事都有一个断点,可以反弹到原来的位置或状态。在给员工的信中,我说:"我们的品牌有如此强大的力量,但我们公司的弹性是我们员工的力量,你们每个人都拥有这种力量,从负面情况中恢复过来的能力,在被压缩或拉伸后恢复到原来形状的能力。"

现在人们已经发现弹性的重要性是永恒的。关于弹性的思

---

① 大衰退(Great Recession),是一场由2007年8月9日开始浮现的金融危机引发的经济衰退。自次级房屋信贷危机爆发后,投资者开始对按揭证券的价值失去信心,进而引发流动性危机。——译者注

考现在和当时一样需要，也许现在比过去更需要。

"弹性，"我当时写道，"是一种难得的品质，它使一些人在被生活打倒后，比以往任何时候都更加坚强。他们没有让失败战胜他们，耗尽他们的决心，而是找到了从灰烬中爬起来的方法。我有几位好朋友是世界拳击冠军，我从观看他们的比赛中学会了，如何在被击倒后恢复过来。在很多情况下，他们重新站起来并且赢得了比赛。"

我的指导者、我所认识的领导者以及我的孩子们都告诉我，在最艰难的时候，可以选择重振旗鼓。你会站起来，然后反弹回去！请记住，如果你从未被击倒过，你就没有经历过战斗。

从字面上讲，弹性就是反弹的艺术，在 18 世纪弹性被用来测试钢的强度——钢材被弯曲到断裂点弹回来的能力。这就是钢铁的弹性所能做到的，这就是伟大的所在。

我永远都不会忘记与英德拉关于企业和组织韧性的对话。就好像我会永远记得我拿到管理学的博士后学位那一刻一样。但在罗杰·恩里科去世后不久，英德拉也准备离开。2018 年，阿尔·凯里宣布离开。许多新一代的高管都知道我和我的故事，但他们不知道我与所有不再掌舵的首席执行官合作所带来的战略和范式转变。

与一些认为公司已经变得太强大了，吞并了太多的小竞争对手的人不同，我仍然相信像百事这样的大公司拥有生产和创造财富的潜力。当然，在企业的人性化和民主化方面百事公司还有改进的空间。在经济困难时期，企业有责任激励、支持和提升有需要的社区和个人。我很自豪能成为其中一些实践的先驱。

离开百事公司后的新生活激励我在讲述自己的故事之外，也要寻找能放大"我们内心都有伟大"这一信息的故事。我最喜欢的故事是这样的：人们被"打破"了，却发现了内心深处的"金子"。日本有一种叫做"金继"的工艺，把破碎的陶器碎片重新组装起来，然后把金粉做的颜料涂在破碎的地方。每一件修复过的陶器都是一件杰作，比以前更美丽、更特别。这提醒我们，你的挫折和伤疤不会损害你的伟大——它们只会使你的伟大更茁壮。

另一个我一直很喜欢的故事是关于瑞贝卡·韦伯·卡兰萨的，她是制作墨西哥脆玉米饼的先驱。她先是做墨西哥玉米粉薄烙饼，有一天她拿起了一个圆形的墨西哥煎玉米卷，结果它在她手里碎了。于是她开始烤玉米饼，并故意把它们弄碎。不用说，这引发了一场革命。然而在她离婚后，她失去了这个赖以生存的业务，她的前夫单独接手了他们的生意，而她则用新的创意开办了新的公司。不久前，瑞贝卡去世了，享年 98 岁。直到生命的最后，她仍在努力开发新的创意。谈到女性的领导力和伟大，没有她，这个世界肯定会变得更冷，更缺乏美味。

还有一则我喜欢的寓言：一个住在中东（即现在的伊拉克）的富人认为自己已经获得了所有的幸福。有一位牧师拜访了他，告诉他只有拥有钻石才算真正富有。这个男人渴望钻石，并确信他之所以贫穷是因为没有钻石，尽管事实并非如此。他最终卖掉了许多土地，去寻找钻石。最终没有找到，他变得沮丧，对生活的失去信心，投海自尽。

与此同时，那个买了他土地的人有一天惊奇地发现河床里有几颗钻石。接着他收获了几英亩的钻石。这里的寓意是，我们很多人认为，我们的财富和伟大只能在其他地方开花结果，但是我们其实已经拥有创造机会的能力，它就在我们的脚下。

20 世纪 50 年代在泰国发现金佛的故事亦是如此。多年来，一座巨大、丑陋的混凝土佛像一直矗立在曼谷城市广场的中央。游客都看不到它的价值，常常随手把垃圾丢在上面。有一天，一个僧人安排他的助手们把佛像搬到附近的寺庙中，在这个过程中，佛像倒在地上，破裂了。在寺庙里，僧人发现混凝土之下还有东西。他和一些助手凿开了混凝土外壳，在下面发现了世界上最大的黄金雕像——一尊近 8 英尺高（约 2—4 米）的佛像。

这里我想表达的是，我们很多人在内心深处都有金子般的思想，可能需要一些震动和敲打，我们的价值才会显露出来。在精神层面上，最高的精神力量（无论你选择如何定义它）知道我们的天赋和潜力，并等待我们相信内在的伟大，以帮助我们改善生活。也许有一天，你会选择放下那些水泥，露出下面的金子，也许是别人扔在你身上的垃圾，掩盖了你的伟大。从相信开始，你的能力会随之显现。

很久以前，厄尼牧师与我分享了一个关于伟大领导的故事，而我也一次又一次地思考这个故事，以获得新的意义，那就是圣经中大卫和歌利亚的故事。所有人都喜欢谈论这个故事，但有一些细节经常被忽视。众所周知，大卫并不是最有力的国王候选人。以色列的第一任国王是扫罗，他是有史以来最勇敢的战士和最英俊的国王。但是他不是一个伟大的国王。上帝想要选择他的继承人，于是把先知撒母耳送到耶西的家里。耶西有很多儿子，包括大卫——他不是最高的，也不是最英俊的。大卫是一个牧羊人，看上去并不是一个有能力的战士，虽然经常被忽视的一个事实是，他曾击退狮子和熊来保护他的羊群。尽管如此，耶西并不知道他自己的儿子大卫的伟大，甚至没有让撒母耳考虑他作为国王的候选人。但撒母耳对耶西的其他儿子都不感兴趣，问耶西是否还有儿子。耶西不情愿地叫来了大卫。

当撒母耳看到大卫时，上帝确认了这位牧童就是他想要的国王。

这时大卫的伟大之处还没有被公共所知。虽然上帝看到了他的伟大，但没人知道他的伟大。接下来发生的故事同样是被忽视的部分：巨人歌利亚决定对王国发动进攻。他不同意随便找个无名小卒来应战。圣经上说歌利亚身高超过 9 英尺（约 2.7 米），肌肉发达，他向被誉为最伟大的勇士的扫罗王发起挑战。你猜怎么样？扫罗王从没见过比歌利亚更高大的人，所以坚决拒绝和歌利亚决斗。

当大卫听说国王不愿与歌利亚决斗时，他请求和歌利亚决斗——因为他很清楚没有其他人想要和歌利亚决斗。他把这看作是证明自己的机会。"这个巨人是我的！"大卫坚持。

很荒谬，对吧？现在我们知道伟大往往以荒谬的形式出现，这里就是一个经典的例子。没有人愿意和巨人战斗，这对每个人来说都很疯狂。

歌利亚要求扫罗王派出一位勇士进行决斗。我们都知道当大卫走到战场上时，巨人的反应是什么，大卫是一个没有盔甲，而且看起来很谦逊的年轻牧羊人。圣经上说，大卫拒绝穿上扫罗王的铠甲，也许是因为他从来没有穿过铠甲，也许是因为他想保持敏捷。但是他流露出自信。对我来说，有趣的细节是大卫拿着一根木棒接近歌利亚，这可能是为了分散歌利亚对真正武器的注意力。这根木棒几乎吸引了所有人的目光，以至于使人忘记了弹弓和石头。

这提醒我们，你的价值不在于看得见的东西，而在于看不见的东西。根据不同的解释，手杖不仅是用来放羊的工具，传统上，牧羊人会把他们的伟大成就刻在手杖的底座上——这是他们身份的证明。大卫带着他的手杖可能是为了提醒自己他是谁，他的名字，他的遗产。

也许这给了他勇气，又或者让歌利亚变得大意，以为他可以很容易将大卫击败。当然，我们都知道事实并非如此，因为大卫抽出他的弹弓，用一块石头打中了歌利亚的眼睛，用那一记有力的子弹杀死了巨人。

大卫没有听那些反对者的意见。他表现得像自己命运的主人，问了一个经典的"假如……将会怎样"的问题。假如我用我的智慧和策略对抗巨人，并且赢了呢？他靠自己的见识和能力进入了英雄和传奇的行列。

故事就讲到这里。

我的问题是,假如你不再担心批评者,走出你的舒适区,抓住你的时机,让你的伟大指引你,去击败你自己的巨人呢?假如你把那个巨人叫出来并击败他,让大家知道你能行呢?

当你对自己抱着一种"弗拉明辣"的态度,认为全世界都在等着你向他们展示你的成就时,你会惊奇地发现那些可怕的巨人已倒在你脚下。做你自己的勇士,做你自己的国王或王后。

要相信你注定会变得伟大。从现在开始——从你看到那些未被发现的东西的那一刻起,从等待你去揭示这些东西的那一刻起,一切都会很好。你要做的就是相信。

致　谢

对我来说，编写这本书不仅是我的心愿，也是对一支由出色天才组成的团队的衷心祝福。他们聚集在一起，展现出他们最好的一面，创造了不起的事迹。我非常感谢帮助"弗拉明辣"诞生的每一位。

我首先要感谢一些人，没有他们，我现在就不会兴奋地思考我的下一本书。首先，让我向杜普里·米勒文稿代理处的"摇滚明星们"表达我的感激之情——尤其是我的文稿代理人简·米勒，她从一开始就相信我和我的故事；还有妮娜·马多尼亚·奥什曼，她不遗余力地帮助我找到出版社，并在早期指导我。

感谢我的儿子史蒂文·蒙塔内兹，他在本书编写的每一个阶段都是我的内部顾问和项目经理。当我去寻找合著者时，史蒂文同我一起，在面试和选择过程中向我提供帮助。我们想找一个对我们来说像家人一样的人，后来我们找到了，那就是敏敏·艾希勒·瑞瓦斯。我衷心的感谢你敏敏，感谢你对真相的热情以及从我心里挖掘出我从未告诉过任何人的故事的能力。你让我发现了隐藏在内心深处的东西，让我明白了一直被我视作"痛苦的岩石"的其实是一个"金块"。当我在纸上读到自己写的文字时，我感到无比自豪和高兴。

在企鹅出版集团Portfolio分社①，我们再次获得了一份礼物，那就是与我们勇敢的编辑利娅·特劳夫博斯特一起工作。谢谢你利娅，谢谢你的远见和热情。如果没有你，我们不可能冲过终点线。我也要感谢出版商阿德里安·扎克海姆和编辑主任尼基·帕帕佐普洛斯对我和这本书的支持。感谢其他优秀的发行团队：金伯利·梅伦（编辑助理）、塔拉·吉尔布莱德（副总裁、宣传营销总监）、莉莲·鲍尔（公关助理）、妮可·麦卡德尔（营销助理总监）、珍·霍伊尔（艺术设计总监）、苏珊·约翰逊（文案编辑）、瑞恩·博伊尔（高级制作编辑）、马修·伯

---

① 企鹅出版集团（Penguin Group）是皮尔松公司（Pearson Plc）的子公司，也是世界最著名的英语图书出版商，在世界媒体业排行第10位。在版书达25000种。Portfolio分社是企鹅出版集团的分支机构，成立于2001年。——译者注

兹（制作经理）、杰西卡·雷区（高级执行编辑）和梅根·卡瓦诺（艺术总监）。

虽然我在正文中提到过这一点，但能够带着我的三个儿子踏上我从贫民区到董事会的旅程，我感到无比的幸运。朱迪和我都认为，我们从他们以及我们的五个孙子身上学到的东西，和他们从我们身上学到的东西一样多。如果没有他们的建议，没有他们对我的提醒，我肯定会忘记一些重要的片段。我们的长子福星（小理查德）记得一切。他性格外向，胸怀大志且充满魅力，是菲多利公司的超级巨星，他最初是销售部门的替补司机——这是一份没人想要的工作——但他不懈努力，最终成为商品销售部门的高管。二十年后，他离开了公司，创办了自己的公司，并把他所学到的一切都用在了工作上。

从很小的时候起，史蒂文就有超越他年龄的智慧和强烈的直觉，他性情温和，待人慷慨。当我的副业——公共演说家、商业顾问和娱乐制作人——开始腾飞时，我让史蒂文担任总裁，这让我最终成为真正的首席执行官。

迈克出生在弗拉明辣奇多推出的前一年，在我们全家去商店和教堂帮助创造对新产品的需求时，他也跟我们在一起。迈克极具分析能力、创造力，他富有同情心，总是乐于帮助有需要的人。当我们的家庭基金会创建了一个项目，向需要数千个背包、运动鞋、学习用品和其他教育材料的当地团体捐赠时，迈克一直在寻找扩展与当地机构合作的战略方法。不出所料，他后来在一家毒品和酒精康复机构担任顾问，最近又回到学校完成了他的治疗师学位。

我衷心感谢我的每一个儿子，还有你们的爱人，以及我的孙子孙女们。此外，我想向我深爱的母亲表达我的爱和感激，我在写这本书的过程中失去了她。我的母亲为我所取得的成就感到无比自豪，她曾鼓励我把一个墨西哥玉米卷饼送给同学，作为结交朋友的一种方式，然后又鼓励我将我的创意变成一门赚钱的生意。早在我发现成功的真正秘诀之前，她就知道了这个秘诀。

最后，没有我心爱的美丽的朱迪，就没有这本书。感谢你为我所做的一切。